KB201788

한국사회 소수자로서 겪는

# 마음의 외상, 자원과 성장

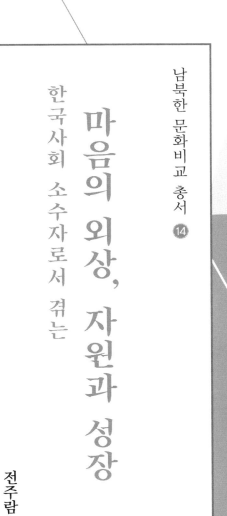

남북한 문화비교 총서

14

한국사회 소수자로서 겪는

# 마음의 외상, 자원과 성장

전주람

한국학술정보

　남북한 문화비교 연구 총서는 학계에만 국한되어 출간되는 연구물을 대중화할 필요가 있겠다는 기대로부터 기획되었습니다. 2020년 여름, 전주람은 학회지에 북한이주민의 생생한 증언을 담는 작업을 하고 있었습니다. 그때 한국학술정보 출판사에서 연구자들이 그간 학술지면에 발표한 논문을 단행본으로 엮는 작업을 한다는 광고를 보게 되었습니다. 그래서 한국학술정보 이강임 팀장님과 만나, 딱딱한 북한 관련 총서에서 벗어나 북한 출신 분들의 생생한 증언을 담아내는 방식의 남북한 문화비교 연구 총서를 엮자는 데 의견을 모았습니다. 그간 북한이주민들의 심리 · 사회적 자원을 시작으로 가족과 건강, 일 세계, 지역사회복지, 자기 돌봄과 정체성 등에 이르기까지 다양한 연구를 현장 인터뷰 방식으로 진행해 왔는데, 그 내용을 남북한 문화비교 총서로 엮는다면 보다 많은 독자가 쉽게 내용을 접할 수 있지 않을까 판단했습니다.

　남북한 문화비교 총서는 '일상생활(daily life)'을 주된 연구 영역으로 삼았습니다. 북한이주민의 일상생활이 어떠한지 자세히 살피고자 했습니다. 이를 통해 북한 출신 주민분들에 대한 차별적 시선과 편견, 이에 따른 고정관념을 걷어내고, 그들을 새로운 관점으로 바라보는 태도를 갖게 하고자 했습니다. 이 총서는 북한이주민이 누구인지에 관한 인식 제고의 전환점과 담론을 제공해 줄 것이라

기대합니다. 남한에서 출생한 국민이 북한출신 분들에게 쉽게 다가가고 그들을 이해할 수 있는 좋은 자료가 될 것입니다. 궁극적으로는 향후 남북한의 사회문화적 통합에 중요한 기초자료로 활용될 수 있을 것으로 기대합니다.

프랑스 철학자 앙리 르페브르(Henri Lefebvre)는 일상생활을 인간의 전체성 관점에서 설명하였습니다. 자세히 보면 인간은 욕구의 차원, 노동의 차원, 놀이와 즐거움의 차원으로 존재가 파악되며 이세 가지 요소가 유기적인 관계로 통합될 때만 비로소 인간의 참된 모습이 현실화한다고 하였습니다. 즉 인간이 생존하기 위해서는 모든 물질적·신체적 욕구가 충족되어야 하고, 동시에 그의 욕구를 충족시키기 위하여 일하지 않으면 안 된다고 언급한 것입니다. 일상을 다루는 것은 결국 일상성을 생산하는 사회, 우리가 살고 있는 그 사회의 성격을 규정짓는 것이므로, 진지한 연구 대상이 되어야 마땅합니다. 일상이 매일 되풀이되고, 보잘것없어 보이고, 지루한 업무의 연속처럼 느껴지고, 익숙한 사람과 사물의 잦은 마주침으로 가득 차 보일지 몰라도, 중요한 사실은 일상이 바탕에 있어야만 사건이 일어난다는 것입니다. 이처럼 일상생활 연구는 사회 전체에 대한 평가와 개념화를 함축하므로, 일상성을 하나의 개념으로만이 아닌 '사회'를 알기 위한 바로미터가 되기에 중요합니다. 따라서 남북한 문화비교 총서에서 북한이주민의 일상생활 모습을 전방위적으로 깊이 탐색하는 것은 사회문화적 통합 영역뿐만 아니라 실천적으로도 긴요한 일이라 할 수 있겠습니다.

총서 시리즈물의 열네 번째인 '(한국사회 소수자로서 겪는) 마음의 외상, 자원과 성장' 편은 가족학이라는 학문적 토대에 북한이라는 영역을 포함한 것입니다. 가족이라는 미시체계 환경을 연구의 기반으로 삼는 전주람은 10년 이상 북한이주민을 만나며 그들의 상처받은 마음과 동시에 그들이 지닌 강력한 잠재력과 에너지를 마주할 수 있었습니다. 일상생활에서 북한이주민에게 중요한 열쇳말은 '외상'에서 그치는 것이 아니라 그 너머의 '성장'이 아닐까 싶습니다. 따라서 이 개념을 북한이주민에게 적용할 경우 어떤 내용이 담길지 고민과 숙고의 과정을 거쳤습니다. 결국 당사자들의 생생한 언어를 기록하면 독자들이 이 책의 내용을 쉽게 이해할 수 있을 것으로 판단했습니다.

이에 제1부에서는 북한이주민들이 한국 사회에서 소수자로 살아가며 겪는 마음의 상처, 즉 외상에 대해 간략히 설명하였습니다. 그들이 주로 누구로부터, 무엇 때문에 상처를 받는지를 살펴보았습니다. 이는 북한이주민들이 남한에서 보다 안정적으로 일상을 영위하기를 바라는 마음에서 비롯된 것입니다. 아울러 그들이 상처를 어떻게 극복해 나가는지, 어떤 개인적 및 외부 자원을 활용하는지에 대해서도 논의하였습니다. 제2부에서는 북한출신 여성을 대상으로 한 심리 · 사회적 자원에 관한 연구 사례를 통해 드러나는 상처와 개인적 및 외부 자원의 활용, 성장 과정에 관한 실제 연구 사례를 제시하였으며, 그들의 성장과 발전을 방해하는 제약 요인과 고민도 대화록에 담았습니다. 제3부에서는 한 북한출신 여고생의 사례를 통해 그녀가 역경을 극복하고 활력있는 일상을 살아가는 모습, 그리고 그녀만의 독특한 철학과 에너지를 생생한 대화체로 표현하였습니다.

   이상의 결과를 책에 담는 작업은 남한의 일상을 경험하는 그들을 이해하는 것이자, 그들이 속한 사회를 이해하는 것이기도 합니다. 요컨대 〈남북한 문화비교 총서〉는 남북인이 조화롭게 어울릴 수 있는 일상 문화를 찾아 나가는 데 중요한 기초자료가 될 것입니다.

2024년 12월

전주람

○ 목차

# 제1부

# 한국사회에서
# 소수자로 살아가기

○

# 제1장 그들은 왜, 한국으로 오는가?

## (다양한) 탈북 동기

2024년 국내에 정착한 북한이주민의 수는 총 3만 4천 명을 넘어섰다. 최근 엘리트들의 탈북이 급증하고 있으며, 과거에는 굶주림 때문에 탈북하는 경우가 많았다면, 최근에는 자신의 미래를 위해 탈북하는 경우도 늘어나고 있다. 물론 불가피하게 군복무 중 억울한 사건에 휘말려 비자발적으로 탈북하는 경우도 있다.

1990년대 말경 한국으로 이주한 북한이주민들은 이미 남한에 들어온 지 20년 이상이 지났다. 1990년대 말에 들어온 북한이주민들과 2000년대 초반에 들어온 분, 그리고 최근 2020년에 한국에 들어온 북한이주민들은 그 배경이 완전히 다르다. 1980~1990년대에서 2000년대 초반에 오신 분들은 대부분 굶주림을 해결하기 위해 탈북하였다. 이분들은 1990년대 말 북한이 고난의 행군을 겪을 때, 북한에서 굶어 죽을 바에야 차라리 중국이라도 가서 배고픔을 해결해야겠다는 강한 생각을 하고 있었다. 하지만 시간이 지나면서 그 양상이 바뀌기 시작했다. 먼저 온 북한이주민들이 북한에 남아 있는 가족들을 데리고 오는 경우가 생기기 시작한 것이다. 북한에 있는 가족들은 사실 배고파서 오는 것이 아니라, 한국에 먼저 정착한 가족들이 데리고 오는 경우가 많았다. 먼저 온 북한이주민들은 브로커를 통해 북한에 있는 가족과 연락을 시도하며 한국으로 이동시키곤 한 것이다. 예컨대 한국에 먼저 온 부모들은 보다 나은 삶을 경험하며 자녀들에게 자유의 세계와 질 높은 교육을 제공하고자 한다. 즉, 자유와 인권이 보장되는 한국에서 자식만큼은 더 좋은 환경에서 키워야겠다는 생각을 가지게 되는 것이다. 이들은 굶주림 때문에 탈북한 것이 아니라, 보다 나은 세상에 대한 기대와 삶을 꾸리기 위한 포부로 탈북한 것이다.

최근에는 청년들의 탈북이 급증하고 있다. 이 청년들은 장마당 세대로, 북한 내에서 스스로 남한의 정보를 접한 세대이다. 그들은 자신의 미래를 위해 탈북을 감행하게 된다. 즉, 배고픔 때문에 탈북하는 것이 아니라, 자신의 미래를 위해 탈북하게 되는 것이다. 한 예로, 인터뷰에서 만난 한 청년은 군복무 중 해외 노동자로 근무하던 중 북한 사회에 희망이 없다고 판단하여 대사관을 통해 한국으로 입국했다. 그는 북한의 제1고등중학교 출신으로, 한국 사회에서 빠르게 적응하며 북한 학계에서 대학 교수가 되기를 준비하고 있다. 따라서 북한이주민들의 탈북 동기가 다양하다는 점을 이해할 필요가 있으며, 굶주림으로 인해 한국에 왔다고 일괄적으로 해석해서는 안 될 것이다.

## 탈북 루트와 비용

최근 탈북의 양상 중 하나는 고위급 탈북이 증가하고 있다는 점이다. 태영호 국회의원과 같이 대사관에서 일했던 외교관들의 탈북 사례도 존재하며, 최근에는 알려지지 않은 엘리트들의 탈북도 급증하고 있다. 기존의 탈북 루트는 압록강과 두만강을 건너 중국을 종단한 후, 태국으로 가는 경로가 일반적이다. 태국에 도착하면 난민 지위를 부여받아 원하는 곳으로 갈 수 있는 기회를 얻게 된다.

탈북 브로커의 비용은 여러 요인에 따라 달라지며, 일반적으로 비밀스럽고 불법적인 활동이기 때문에 정확한 정보를 얻기 어렵다. 비용은 탈북 경로, 안전성, 브로커의 신뢰도 등에 따라 다르지만, 코로나19 이전에는 압록강과 두만강을 건너는 데 약 3천만 원이 소요된다고 알려져 있다. 현재는 브로커의 도움 없이 혼자서는 거의 불가능한 상황이며, 브로커의 비용이 1억 원에 달하더라도 탈북이 어려운 상황이라고 한다. 중국의 국경 통제가 강화되면서 북한 주민들이 안전하게 이동하는 것이 더욱 힘들어졌다. 한국에 거주하는 북한이주민 중 여성의 비율이 높은데, 이들 대부분은 중국에서 인신매매 등의 피해를 겪으며 살아온 경우가 많다. 최근에는 러시아에서 일하는 북한 노동자들이 탈북하여 한국으로 들어오는 경우도 늘어나고 있다. 이들은 유엔의 도움을 받아 난민 지위를 취득한 후 한국으로 오기도 한다.

# 제2장 트라우마, 편견과 차별적 시선

## 1. 트라우마와 직장 적응의 어려움

### 트라우마

트라우마(trauma)란 개인이 극심한 스트레스나 충격적인 경험을 겪으면서 생기는 심리적 상처를 의미한다. 트라우마(trauma)의 어원은 고대 그리스어 "τραῦμα"(trauma)에서 유래되었으며, 이는 "상처" 또는 "부상"을 의미한다. 이 단어는 라틴어 "trauma"로도 발전하였고, 결국 현대 영어와 다른 언어에서도 사용되고 있다. 원래의 의미는 신체적 상처를 가리켰으나, 현재는 심리적 상처나 외상 후 스트레스 장애(PTSD : Post-Traumatic Stress Disorder)와 같은 심리적 상태를 설명하는 데에도 널리 사용된다.

트라우마를 경험한 사람은 불안, 우울, 분노 등의 감정을 느끼며, 이로 인해 일상생활에서 어려움을 겪고, 과거의 트라우마를 반복적으로 떠올리거나 악몽, 플래시백 등의 형태로 다시 경험하는 경우가 많다. 또한 트라우마와 관련된 기억이나 감정을 회피하려는 경향이 있으며, 이는 사회적 고립으로 이어질 수 있고, 심리적 고통이 두통, 소화불량, 수면 장애 등 신체적 증상으로 나타날 수 있다.

일부 북한이주민은 북한에서의 경험으로 인해 다양한 트라우마를 겪는다. 정치적 억압, 고문, 가족들과의 분리 등 극심한 스트레스 상황을 경험하면서 트라우마가 형성되며, 이로 인해 PTSD(Post-

Traumatic Stress Disorder), 불안, 우울증 등의 심리적 문제를 겪기도 한다. 또한 과거의 트라우마를 반복적으로 떠올리거나 악몽, 플래시백 등의 형태로 다시 경험하는 경우가 많아, 이는 일상적인 삶에 큰 영향을 미친다. 더불어 북한에 남아 있는 가족과의 연락이 어려워 정서적 고통을 겪는 경우도 있다. 이뿐만 아니라 북한이주민들은 적응 과정에서 정체성의 혼란과 문화적응 스트레스를 겪으며, 많은 경우 경제적 어려움이 트라우마를 가중시키기도 한다.

특히 북한출신 여성들은 대부분 제3국을 경유하여 이동하면서 '여성'이라는 특수성으로 인해 법적인 혼인 관계 외에 출산과 양육을 경험하는 경우가 빈번하다. 그뿐만 아니라 북한출신 여성을 대상으로 인신매매와 강제 결혼이 빈번하게 발생하고, 이는 중국에 체류하는 대부분의 북한출신 여성들이 매매혼으로 중국인 남성과 자녀를 두게 만든다. 결국 북한출신 여성들은 브로커를 통해 많은 비용을 들여 자녀를 입남(이명신, 이상우, 2020)시키고자 노력하고 있다.

## 〈북한이주민들이 남한 사회에 적응하는 과정에서 겪는 주요 어려움〉

**· 심리적 상처**
북한에서의 경험으로 인해 PTSD(외상 후 스트레스 장애)와 같은 심리적 문제를 겪는 경우가 많다. 이로 인해 한국 사회에 적응하는 데 어려움을 겪는다. 여성들의 경우 인신매매, 강제 결혼 등이 있다.

**· 사회적 차별**
북한 출신이라는 이유로 사회에서 차별받거나 편견에 직면할 수 있다. 이는 그들의 자존감에 부정적인 영향을 미친다.

**· 경제적 어려움**
직업을 찾고 안정적인 소득을 확보하는 데 어려움을 겪는다. 교육이나 경력의 차이로 인해 직장 취업이 힘든 경우가 많다.

**· 언어 장벽**
한국어에 대한 숙련도가 낮아 의사소통에 어려움을 겪고, 이는 일상생활이나 직장생활에서도 문제를 일으킬 수 있다.

**· 문화적 적응**
남한의 문화와 생활 방식에 적응하는 데 어려움이 있으며, 이로 인해 사회적 고립감을 느낄 수 있다.

**· 가족과의 단절**
북한에 남아 있는 가족과의 연락이 어려워 정서적인 고통을 겪기도 한다.

## 직장생활

### 빨갱이 프레임

"아, 일단 신기한 생각이 들었고, 그다음에 걱정이 되었습니다. 아무래도 휴전국가다 보니 걱정이 많이 되죠. 사람들이 '빨갱이'라는 프레임에 갇혀 있는 경우가 많고, 저 역시 그런 영향을 받았습니다. 군대도 다녀온 후라 북한에 살던 사람들에 대해 두려운 존재라는 이질감이 있었습니다. 어쨌든 저도 사회복지사로 근무해야 하니까, 담당으로 배정되면서 마음가짐을 바꾸려 노력했습니다." (북한출신분과 근무하는 한 사회복지사, 20대 후반, 남성, 2017년 인터뷰 내용 중)

### 아, 이건 뭐지?

"(북한 사람을 처음 봤을 때 느낌이 어떠셨어요?) 너무 낯설었어요. 외모부터 말투까지 모두 다르더라고요. 제가 북한 사례를 많이 방문하면서 느낀 점은, 그분들만의 독특한 눈썹 그리기, 머리 스타일 같은 것이 있었습니다. '아, 이건 뭐지?' 싶었죠. 북한에서 유행하던 패턴들이 있었고, 젊었을 때의 스타일을 유지하시는 분들도 계셨습니다. 멋을 잘 부리는 분들은 금방 습득해서 따라 하기도 하더라고요. 하지만 10년, 20년 된 분들도 뵀고, 그분들만의 특유의 느낌이 있었습니다. 우리가 중국 여행을 가면 한국 사람인 걸 알아보듯이요. 같은 동포임에도 불구하고 선입견이 있었고, 어릴 적에 북한 괴뢰 공산당이라는 생각이 있어서 처음에는 힘들었습니다. 그리고 말투, 억양이 너무 강해서 처음에는 무슨 말인지 하나도 못 알아듣겠더라고요." (북한출신분과 근무하는 한 사회복지사, 40대 후반, 여성, 2017년 인터뷰 내용 중)

직장생활에서의 차별 경험은 북한이주민들의 적응을 방해하는 주요 요소이자 트라우마를 지속적으로 악화시킨다. 북한이주민들이 남한 사회에 조기 적응하기 위한 가장 중요한 요건은 경제적 자립이며, 따라서 직장은 남한 사회 적응에서 가장 고려해야 할 부분이다(강창구, 2012). 북한이주민이 직장생활을 영위하는 것은 단순히 경제적 안정을 얻는 것 이상의 의미를 지닌다. 그들은 자기 능력을 발휘하여 자신의 가치를 발견하고 일상의 보람(이종은, 2003)을 느끼며, 자신의 가치관을 정립하고 정체성을 확립하며 원만한 인간관계를 형성하고 자아실현을 이루어 나갈 수 있다(김중태 외, 2016). 즉, 북한이주민에게 안정적이고 지속적인 직장생활은 기본적인 생존자원을 획득하는 공간일 뿐만 아니라 새로운 문화를 익히고 남한 주민으로서 새로운 정체성을 형성하는 터전으로서 그들의 삶에 중요한 의미를 갖는다. 그러나 남한에 거주하는 북한이주민 중 소수만이 원활한 직업 생활을 영위하고 있으며, 대부분은 현재의 직장에 만족하지 못해 이직률이 매우 높은 실정이다(윤인진, 2005).

우선, 그들은 언어 사용에서 말투로 인해 북한이주민으로서의 정체성이 드러날까 두려워 자신의 정체성을 감추는 경우(박상욱·최늘샘, 2011)가 적지 않다. 또한, 일반적으로 남한 사람들에 비해 직설적으로 대화하는 경향이 있으며, '상호비판'과 '자기비판'의 형태로 다른 사람에 대한 평가와 지적이 일상화되어 북한식 생활 방식(조정아 외, 2006)의 문화를 드러낸다. 이러한 북한식 문화는 남한 사람들에게 이상하거나 낯설게 비칠 수 있다. 직장생활에서 북한이주민들은 남한 사람들의 부정적이고 차별적인 시선을 경험하며, 이러한 차별에 대해 반응하기도 하는데 직장생활에서 북한이주민들은 남한 사람들의 부정적이고 차별적인 시선을 경험하며, 이러한 차별에 대해 반응하곤 한다. 결과적으로, 불편한 시선이 담긴 공간에서 북한이주민들은 차별적 대우와 편견을 겪을 때 종종 충돌을 일으키고 직장을 옮기기도 한다. 나아가 이러한 경험이 쌓이면서 직장에서 스스로를 위축시키는(박상옥·최늘샘, 2011) 심리적 문제로 이어질 수 있다.

## 2. 편견과 차별적 시선

### 월급 차별

> "아니, 우리 북한 사람들은 우선 낮은 월급을 받습니다. 한국 사람들은 240만 원을 받는데, 우리는 200만 원입니다. 저는 월급을 올려달라고 말하지 않아요. 이 회사에서 나가면 되니까, 굳이 구걸할 필요는 없다고 생각합니다. 한국 사람들, 특히 간부들이 차별하고 있거든요. 우리에게도 그런 차별이 존재합니다." (북한출신 여성, 50대 후반, 여성, 아파트 경비 사무직, 2017년 인터뷰 내용 중)

북한이주민들은 1990년대 초반까지 연간 입국자 수가 10명 내외로 적었으나, 1995년 이후 급속히 증가하여 1999년에는 최초로 100명을 넘어섰다. 2002년에는 1,000명을 초과하였고, 최근 2024년에는 3만 4천 명으로 집계되었다.

2000년대 이후 북한이주민들의 입국이 급증함에 따라 북한이주민과 관련된 연구가 증가세를 보였다. 특히 2009~2010년도에는 통일부와 교육부 산하에 북한이탈주민 지원 및 연구기관이 발족하면서 연구가 더욱 활성화되었다(박정란, 2012). 그러나 이러한 연구 흐름에서 나타나는 문제점은 다수의 연구가 주로 북한이주민의 입장에서 현안과 문제를 분석하고 대안을 제시하는 데 초점을 맞춰 왔다는 것이다. 즉, 북한이주민들이 남한 사회에 적응하는 과정에서 직면하는 신체적, 심리적, 경제적 문제와 이를 해결하기 위한 정부 및 지방자치 차원의 지원책, 민간 또는 국제적 차원의 역할 등에 관한 논의(권수현, 2011)가 주를 이루었다.

그간 선행연구는 주로 북한이주민에 대한 다양한 정체성(동포, 다문화 집단, 경계인, 국민) 논쟁과 북한이주민을 어떻게 규정할 것인지에 대한 이론적 논의(동화주의, 다문화주의 등)가 대다수를 차지했다. 그러나 남한 주민들이 북한이주민을 어떻게 바라보고 인식하는지를 실증적으로 검증한 연구는 미흡(윤인진·송영호, 2013)한 것으로 지적되었다. 즉, 지금까지의 연구들은 북한이주민이 남한 사회에 정착하는 데 겪는 어려움과 이를 해결하기 위한 제도 및 정책에 많은 관심을 기울였다. 따라서 북한이주민들이 건강하게 남한 사회에 정착하기 위해서는 남한 주민들이 그들에 대해 어떤 태도를 보이는지를 이해하는 것이 무엇보다 중요하다(권수현·송영훈, 2015). 남한 주민이 어떠한 인식의 프레임을 가지고 북한이주민을 바라보는지, 그리고 그 과정에서 북한이주민에 대한 배제와 포섭의 동학이 어떻게 발현되고 분화하는지를 파악하는 것은 매우 중요하다(윤인진·송영호, 2013). 또한, 북한이주민에 대한 남한 주민의 수용성과 포용성에 대한 진단은 통일 한국의 사회적 역량을 증진시키기 위한 정책 개발에 기여할 수 있다(권수현·송영훈, 2015). 이러한 맥락에서 북한이주민을 대상으로 한 기존의 연구 패러다임과 달리, 남한 사람들을 대상으로 북한이주민을 바라보는 시선을 되짚어보며,

특히 차별적 시선에 대해 고민할 필요가 있다. 여기서 '시선'이란 북한이주민을 바라보는 남한 사람들의 인식과 경험을 의미한다.[1]

북한이주민들은 대한민국 전체 구성원의 극소수에 해당하고 북한을 벗어나 남한에 입국하여 아무런 기반 없이 새로운 삶을 시작하다 보니 경제적 · 사회적 지위의 측면에서 약자의 지위(사법정책연구원. 2015)에 있게 되어 소수자로서의 어려움을 겪는 경우가 많다.

북한이주민에 대한 남한 사람들의 인식과 태도는 '북한 출신 남한 사람', '북한 사람', '남한 사람', '동포' 등으로 복잡하게 나타나고 있다. 남한 사회는 그들을 '가난한 자', '비국민', '배신자'로 인식하며, 북한이주민에 대한 이미지 형성 과정과 통념은 단순한 차이로 인식되기보다는 구별의 기제로 작용한다(강주원. 2013)는 사실을 입증한다. 또한, 남한 중심의 시각에서 북한을 후진국으로, 북한 사람들을 굶어 죽어가는 불쌍한 연민의 대상으로 바라보는 시각도 존재한다.

통일 선례 국가인 독일의 통일 전 조사 결과에 따르면, 서독 사람들이 동독 사람들에게 연민(sympathy)을 느끼거나 이들을 동포(fellow countrymen)로 생각하는 비율이 지속적으로 줄어들었으며, 특히 젊은 세대일수록 그 비율이 현저히 낮아졌다. 그러나 1989년

---

1 마이크로어그레션(microaggression)은 '아주 작은'이라는 뜻의 마이크로(micro)와 '공격'이라는 뜻의 어그레션(aggression)의 합성어로, 일상생활에서 흑인, 동양인, 동성애자 등 소수자를 차별하는 것을 의미합니다. 직역하면 '미세 공격'이라는 뜻으로, 의도적으로 한 말이나 행동이 아니더라도 상대방이 모욕감이나 적대적인 감정을 느낀다면 마이크로어그레션에 해당합니다. 이러한 행동은 의도하지 않게 이루어지지만, 대상에게는 부정적인 감정을 유발할 수 있습니다.

우리나라 조사에서는 남한 사람들이 북한 사람들에 대해 적대적인 태도를 보인 비율이 13.4%에 불과했으며, 2005년 조사에서도 응답자의 약 80%가 북한 주민을 같은 동포로 인식한다고 보고되었다(강원택, 2005). 반면, 권수현(2011)의 연구에서는 남한 사람들이 북한이주민을 '민족'으로 인식하더라도 친근하다는 감정으로 바로 이어지지는 않는다고 결론지으며, 60년 이상 서로 다른 체제와 이념 속에서 살아온 간극이 존재한다고 설명했다.

이처럼, 전쟁과 분단, 그리고 역사적 비극을 겪어온 현재, 통일 시대를 준비하는 대한민국에서 북한이주민에 대한 남한 사람들의 시선은 '북한 사람', '가난한 자', '불쌍한 자', '도움이 필요한 자', '남한 사람과 다른 사람', '동포', '한민족', '친밀하지만 일차집단으로 소속시키기 어려운 자' 등 다양한 정체성으로 나타나고 있으며, 이는 북한이주민들의 남한 사회 적응을 불편하게 만들고, 때로는 그들이 다른 국가로 이동하게 한다.

현재의 추세로 북한이주민이 남한 사회에 증가할 경우, 북한 사람들과 남한 사람들은 다양한 방식으로 상호작용하며 살아갈 것이고, 경험과 사고 체계의 차이는 문화적 격동기를 맞이할 것이다. 이러한 역사적 시점에서 북한이주민에 대한 남한 사람들의 시선을 되짚어보는 것은 매우 중요하다. 분단의 아픔을 딛고 우리는 두 민족의 서로 다른 경험과 인식을 잘 이해해야 할 시대적 사명을 지니고 있다.

# 제3장 심리 · 사회적 자원과 회복탄력성

## 자원보존이론과 심리 · 사회적 자원

자원보존이론을 설명한 Hobfoll은 자원을 대상(objects), 상황(conditions), 개인의 특성(personal characteristics), 에너지(energies) 4가지로 나누어 설명하였다. '대상'은 의식주와 같은 물질적인 자원을 의미하며, '상황'은 개인이 처한 조건이나 상태로서 개인이 구하고자 하는 자원에 접근하거나 소유하기 위한 관계적 자원을 말한다. '개인의 특성'은 동일한 조건에서도 개인적 특성에 따라 차이를 보이므로, 스트레스 상황을 견뎌내는 개인의 능력과 관련된 자원을 포함한다. 마지막으로 '에너지'는 시간, 돈, 지식과 같이 다른 자원을 획득하기 위해 필요한 도구적 자원을 말한다. 이러한 자원들은 유형과 무형의 자원, 실질적 자원과 인지적 자원을 모두 포함한다(Hobfoll and Lilly, 1993). Hobfoll(1989)의 이론은 개인이 어떠한 사건으로 인해 자원을 잃을 수 있을 것에 대비하여 자원을 획득하고 보유하고자 노력한다는 전제에서 시작한다. 그리고 그 과정에서 겪는 스트레스는 자신이 가진 자원에 대한 주관적인 인식과 그 자원의 소멸을 초래할 수 있는 위협적인 환경에 관한 인식의 결과라고 할 수 있다.

북한이주민들은 자신과 환경과의 상호작용을 통해 내 · 외적 요구를 해결하기 위해 필요한 인지적 · 행위적 노력을 통해 정착을 이루어간다. Lazarus와 Folkman(1984)은 개인이 활용할 수 있는 내적 자원을 심리적 자원(psychological resources)이라고 명명하였다. Ensel과 Lin(1991)은 이 범위를 개인의 심리 내면에서 환경적인 영역으로 확대하여, 심리 · 사회적 자원의 개념을 우울증과 같은 부정적 결과를 직 · 간접적으로 막아주는 내 · 외적인 환경 요소로 설명하였다(Ensel & Lin, 1991). 심리 · 사회적 자원의 대표적인 예로는 용기, 믿음, 자아존중감, 끈기, 도전정신, 인적 네트워크, 사회적지지, 정보 제공 등이 있으며, 이러한 자원은 인간이 사회 속에서 건강하게 발달하고 적응할 수 있도록 돕는다.

## 회복탄력성

회복탄력성은 영어 'resilience'의 번역어로, '다시 튀어 오름, 구부러진 후에 원래의 모양이나 위치로 되돌아옴'을 의미한다(방소현, 2020). 선행연구에서는 회복력, 사회 탄력성, 자아 탄력성 등으로 혼용되어 사용되지만, 공통적으로 고난이나 역경을 극복하고 본래의 상태로 회복할 수 있는 내적인 힘과 능력을 가리킨다. 몇몇 학자의 정의는 다음과 같다. Block과 Kremen(1996)은 회복탄력성을 고통스럽고 긴장된 상황에서 인내의 강도를 조절하는 능력으로 정의하였고, Connor와 Davidson(2003)은 역경 속에서도 극복하고 나아갈 수 있는 개인의 자질로, 스트레스 대처 능력의 척도이자 불안, 우울증, 스트레스 반응에서 중요한 치료 목표로 제시하였다.

북한이주민들은 대부분 탈북 과정에서 가족과 분리되거나 심신의 상해를 경험하게 된다. 이들은 북한 내에서, 탈북 과정, 한국 입국 전후에 여러 외상 경험을 하며 외상 후 스트레스장애를 겪는다.

북한 내에서의 공개처형, 기아, 가족과의 이별, 심리적 · 신체적 고문 등 다양한 외상 사건을 경험한다고 보고된다.

Reavell과 Fazil(2017)은 이민자 중에서도 전쟁과 학살 같은 과거 경험에 대처해야 하는 난민에게 외상 후 스트레스장애가 흔한 건강 문제라고 하였다. 브라질에 거주하는 난민의 외상 후 스트레스장애 유병률은 47%로 노동 이민자보다 2배 높았고(Bustamante et al. 2017), 중국에 거주하는 북한이주민 170명을 대상으로 한 연구에서는 유병률이 56%로 나타났다. 북한이탈주민 진료센터를 내원한 북한이주민을 대상으로 한 연구에서 유병률은 53%, 남한 사회에 거주하는 북한이주민 383명을 대상으로 한 연구에서는 22.8%였다.

이러한 어려움에도 불구하고 북한이주민들은 자기 주변의 환경 자원을 발굴하며 역경을 극복해 나간다. 회복탄력성을 중심으로 북한이주 여성의 탈북 경험을 연구한 박다정(2016)은 개인 내적 요인으로 결단력, 추진력, 용기, 삶에 대한 성찰적 태도 등을, 환경적 요인으로 사회적지지와 가정환경을 제시하였다. 전주람(2014)의 연구는 북한이주 여성들이 심리 · 사회적 자원인 용기, 끈기, 포기, 내려놓음 등을 어떻게 활용하는지를 보여준다. 정리하자면, 북한이주민의 회복탄력성은 개인이 내 · 외적으로 발생하는 긴장 상태에 유연하고 효과적으로 대처하여 회복할 수 있는 능력으로 정의할 수 있다.

# 제4장 외상 후 성장

필자는 십여 년 이상 한국 사회의 소수자로 살아가는 북한출신 분들을 만나며 그들이 성장해 나가는 과정을 가까이에서 체험할 수 있었다. 예를 들어, 북송 중에 딸을 잃어버렸지만, 묵묵히 자신만의 길을 감사함으로 걸어가는 여성, 북에 가족이 모두 있지만 의연한 태도로 전문가의 길을 걷고자 굳건한 의지를 지켜 나가는 청년, 고향에서 경제적 어려움으로 사탕을 팔고 가발 공장에서 힘들게 일해 손이 험상궂게 되었지만, 그 과정을 승화시켜 한국 사회의 어려운 이들을 위해 살아가겠다고 다짐하는 아름다운 마음을 가진 이들을 만나곤 했다. 이들을 보며 굳이 '외상 후 성장'이라는 전문용어를 사용하지 않더라도, 인간이 지닌 자연적인 회복 능력을 완전히 설명하기는 어렵다는 것을 깨달았다.

'외상 후 성장(Post-Traumatic Growth)'은 심각한 고난을 극복한 후에 나타나는 긍정적인 변화와 성장을 의미한다(위키백과, 2024). 외상 후 성장을 통해 북한이주민들은 개인적인 힘을 깨닫고, 새로운 가능성을 발견하거나, 타인과의 관계에서 긍정적인 변화를 경험하기도 한다. 또한 삶에 대한 감사와 영성의 성장을 포함하는 인생 가치관이나 철학의 변화를 경험하기도 한다. 이를 통해 북한이주민들은 자신에게 매우 엄격하고 억압적인 태도에서 벗어나 새로운 가능성과 잠재력을 발견한다. 이러한 자신감은 미래의 역경에 대처하는 능력을 현저히 증가시켜 안정적인 정착을 돕는다.

몇몇 선행연구에 따르면 외상 후 성장과 관련된 개인 내·외적 요인으로는 개인의 성격적 특성과 긍정적인 사고방식이 있다. 또한 가족, 친구, 커뮤니티의 지지체계가 중요하며, 이는 개인이 어려움을 극복하는 데 큰 도움이 된다. 아울러 자신의 감정을 이해하고 조절할 수 있는 능력도 외상 후 성장에 긍정적인 영향을 미칠 수 있다. 또한 외상 경험에서 의미를 찾으려는 노력과 과거 사건에 대한 재해석이 회복과 성장에 기여할 수 있다. 외적 요인으로는 지지적인 사회적 환경, 전문적인 심리 치료 및 상담, 그리고 문화적 가치나 전통이 외상 경험에 대한 이해와 대처 방식에 영향을 미칠 수 있다.

제2부

연구소개

○

여기서는 북한출신 여성들이 남한 사회에 정착하는 데 활용한 심리 · 사회적 자원과 그 의미에 대해 전주람(2014)의 『북한이탈 여성들의 심리 · 사회적 자원에 관한 질적 사례 연구』라는 연구 사례를 소개하고, 북한출신 여성들의 자원에 대해 논의하고자 한다. 우선 본격적인 논의에 앞서, 전주람(2014)이 심층 인터뷰를 시작하기 전, 북한출신 여성들의 인터뷰 내용의 신뢰성을 확보하기 위해 3개월간 긴밀한 라포를 형성하기 위해 노력한 과정을 간략히 서술한 후에 연구를 소개하겠다.[1]

## 제1장 라포 형성 : 남한출생 연구자가 '북한이주민'을 만난다는 것

연구자로서 북한이주민을 섭외하고 만나는 과정, 그리고 질 높은 인터뷰 내용을 확보하는 데에는 상당한 어려움이 따른다. 특히 북한학 전공자가 아닌 연구자로서 북한이주민을 만나는 일은 지식의 깊이나 분석 측면에서, 또한 연구를 성공적으로 수행할 수 있을

1   이 연구는 정부 재원(교육부)으로 수행된 연구입니다. 전주람은 2014년 한국가족관계학 회지에 〈북한 이탈 여성들의 심리 · 사회적 자원에 관한 질적 사례 연구〉라는 제목의 논문을 투고하였으며, 학회의 동의를 받아 일부 내용을 이 장에 소개하고자 합니다.

지에 대한 심리적 불안을 동반하여 심리적 및 외적 어려움이 존재한다.

안전하고 성공적인 인터뷰를 위해 연구자는 2014년 9월부터 11월까지 약 3개월 동안 서울의 한 지역사회복지관에서 〈북한이탈주민 정착 지원 사업의 원예 활동 프로그램〉에 자원봉사자로 참여하며 북한이주민을 전반적으로 이해하고, 라포 형성을 위한 노력을 기울였다. 이는 보다 신뢰할 수 있는 인터뷰 자료를 확보하기 위한 것이었다.

참여한 원예 활동 프로그램은 필자가 참여한 사회복지관의 『북한이탈주민 정착 사업』 중 심리·정서 지원 프로그램에 해당하는 집단이었다. 이미 나를 빼고 집단원 서로간에 (인간)관계가 형성되어 있었던 6~7명으로 구성된 집단에 자원봉사자로 참여하는 것은 서로에게 어색한 일이었다. 그럼에도 불구하고 예닐곱 명의 북한이주민들은 자원봉사자를 반갑게 맞이하려고 노력했지만, 쌍방의 경계하는 표정과 긴장감으로 볼 때 그리 성공적이지는 않았다. 당시 기록해 두었던 연구 노트의 짧은 내용을 소개하고자 한다.

---

**연구 노트**

### "이상한 언니들"

참여자들과 라포 형성을 위해 프로그램에 자원봉사자로 참여하자니 뭔가 억울한 기분이 들었다. 주변에서는 더 편한 연구 방법을 찾아보라고 했지만, 이미 시작한 일이기에 연구에 대한 큰 포부와 의지를 강박적으로 다짐하며 현장으로 나갔다. 간혹 북한 언니들의 의심 어린 눈초리를 받을 때마다 주변의 그런 소리가 귀에 맴돌았지만, 북한에서 온 언니들과의 만남은 예상외로 호기심을 불러일으켰다.

---

간식 먹는 시간이다. 프로그램의 쉬는 시간에 벌어지는 전형적인 모습이다. 한쪽 테이블에 몇몇 과자와 음료수가 놓여 있었다. 한 북한 언니가 씩씩하게 들어와 인사와 함께 간식 테이블로 가서 전체의 약 1/3 정도를 가져갔다. 총 8명이 있었는데, 간식을 잽싸게 가져오는 모습이 인상적이었다. 당당하게 책상 앞에 올려둔 간식은 다른 북한 언니들의 인상도 찌푸리게 했다. 아, 북한 언니들이 다 그런 건 아닌가 보다. 그녀는 간식을 먹으러 온 건지, 프로그램에 참여하러 온 건지 물어보니, 자식에게 갖다준다고 했다.

그다음 주, 한참 만들기에 몰입할 때쯤 강사가 꽃 한 묶음을 건넸다. 그 꽃은 내 눈에도 예뻐 보였다. 나도 한 송이 갖고 싶었지만 내 차례는 오지 않았다. 연한 핑크빛이 도는 꽃의 이름은 기억나지 않는다. 옆으로 돌리라고 하니 한 묶음이라 대강 보기에도 꽃이 인원수보다 남아 보였다. 내 맞은편 언니가 꽃 한 송이를 쓱 빼더니 책상 밑 가방에 넣었다. 민첩하고 빠르게 움직이는 그녀의 손은 카메라에 찍힌 듯 내 뇌리에 박혔다. 그 행동이 가능했던 이유와 꽃을 가져가서 무엇을 할 건지, 누구에게 줄 건지, 어떤 욕구로 꽃을 훔쳐 가는 건지 등을 생각하게 했다. 그녀가 훔친 꽃 한 송이가 오래 남았다. 나중에 물어보니 딸에게 준다고 했다. 북한에는 이런 예쁜 꽃이 없다고. 개량종은 북한에 없다고 했다.

참여자 중 나만 노트와 펜을 들고 있었다. 기록해야 하니까. 그들의 언어적, 비언어적 모습을 관찰하고 기록했다. 내 옆에 앉은 북한 언니는 내 노트를 힐끔힐끔 보며 작업을 했다. 무엇이 적히는지, 저걸로 뭘 할 건지 궁금해하는 듯했다. 한번은 물어봤다. 왜 적냐고. 그들의 모습이 관찰되는 걸 어느 시점까지 그들은 불편해했는지, 몇 차례 참여하며 다소 그들의 마음이 누그러졌지만, 끝까지 그들은 경계를 풀지 않았다.

친밀한 관계를 형성해 보겠다고 들어간 자리에서 나는 그들을, 그들은 나를 타자화하며 약간 불편한 경계선을 경험하게 되었다. 그러나 이러한 라포 형성의 사전 작업 과정은 심층 인터뷰에서 북한이주민들이 이야기를 은폐하거나 허위로 꾸며낼 가능성을 최소화하는 데 도움이 되었다고 생각한다.

# 제2장 연구 참여자 소개

3개월이 지난 뒤, 연구자는 프로그램 마지막 회기에서 연구의 취지와 목적을 자세히 설명하였고, 4명의 북한출신 여성으로부터 연구 참여 동의를 얻을 수 있었다. 이 연구 참여자들은 남한 사회에 거주한 기간이 최소 5년 이상인 북한출신 여성으로, 모두 북한에서 탈북한 후 제3국에서 1년 이상의 체류 기간을 거쳐 남한 사회에 입국한 공통점을 가지고 있다. 인터뷰 매 회기 종료 후 연구 참여자에게 현금 30,000원이 지급되었다.[2] 네 명의 여성들은 다음과 같다.

## 연구 참여자 1 (2004년 입남, 여)

저는 2004년에 남한에 입국하여 현재 50세로 혼자 지내고 있습니다. 10년 넘게 식당과 웨딩홀에서 일했지만, 요즘은 풀타임 일을 잠시 그만두고 빵집에서 가끔 아르바이트하고 있습니다. 그동안 쉼 없이 일해 온 저 자신을 돌보는 시간을 가지려고 노력하고 있습니다.

남한에 처음 왔을 때 건강이 좋지 않았습니다. 신체적 합병증으로 힘든 시기를 겪었지만, 북한에 있는 아들을 생각하며 허드렛일을 하면서 용돈을 보내주었습니다. 남한에서 마음을 터놓고 이야기할 수 있는 사람이 별로 없어 외롭고 우울한 날이 많았습니다.

제 아들은 북한에 있으며 탈북할 생각이 없다고 분명히 말했습니다. 그래서 저

---

2 보상의 종류는 전문가 논의를 통해 결정되었습니다. 면담 과정 전후에는 친밀한 관계 형성을 위한 회식, 북촌 투어, 연극 관람 등 3회의 야외 및 문화 활동에 필요한 모든 경비를 연구자가 일괄 지급하여 연구 참여자들이 부담 없이 즐겁게 참여할 수 있도록 노력하였습니다.

는 자식과 함께 지낼 수 있다는 기대를 거의 내려놓은 상태입니다. 아들은 지금 20대인데, 일자리가 없어서 백수입니다. 하지만 제가 보내주는 용돈 덕분에 쌀밥을 먹고 편히 지낼 수 있다고 하네요.

엄마로서 아들이 결혼할 때까지 남한에서 열심히 일해 아들을 돕는 것이 제 역할이자 책임이라고 생각합니다. 노인이 되기 전에 친구처럼 서로 의지할 수 있는 배우자를 만나고 싶지만, 아직 그런 사람은 만나지 못했습니다. 그런 갈망 속에서도 제 삶을 계속 지탱해 나가려는 의지를 잃지 않으려고 노력하고 있습니다.

## 연구 참여자 2 (2004년 입남, 여)

저는 2004년에 남한에 들어와 현재 58세로 전업주부로 지내고 있습니다. 탈북할 때 자녀들과 함께 넘어오다가 아들만 잡히고, 저와 딸은 북송되었습니다. 그 후 우리는 서로 다른 지역으로 이동되었고, 지금까지 10년이 넘도록 딸의 생사를 확인하지 못하고 있습니다. 아들은 먼저 남한에 도착했고, 그 덕분에 이후 다시 만날 수 있었습니다. 지금 아들은 북한 여성과 결혼하여 아들 하나를 두고 있습니다.

남한에 온 첫해는 딸의 생사를 알 수 없어 정말 아무것도 할 수 없었습니다. 매일 절에 가서 부처상 앞에 앉아 울며 고통스러운 시간을 보냈습니다. 하지만 시간이 지나면서 제 처지를 조금씩 받아들일 수 있게 되었습니다.

십수 년이 지난 지금은 손주를 보는 재미와 등산, 산책을 하며 일상생활에서 소소한 즐거움을 누리고 있습니다. 특히 건강을 위해 많은 관심을 두고 있으며, TV 프로그램을 보며 조리법을 배우고 음식을 만들어 이웃들과 나누는 일은 정말 흥미로운 경험입니다.

자기 관리에도 열심히 신경 쓰고 있습니다. 건강이 가장 중요하다는 신념을 가지고, 틈틈이 가까운 산과 공원을 다니며 운동을 부지런히 하고 있습니다. '대한민국이 나에게 자유를 주었기 때문에 나는 행복하다'라고 항상 말하며, 대한민국 국민으로서 남한에 거주하는 것을 자랑스럽게 생각하고 있습니다. 이러한 삶의 변화가 제게 큰 의미가 되었습니다.

## 연구 참여자 3 (2006년 입남, 여)

저는 2006년에 남한으로 왔고, 현재 56세로 보험 회사에서 일하고 있습니다. 북한에서는 탁아소 선생님으로 일했지만, 남한에서 그 직업을 이어가는 것은 쉽지 않았습니다. 처음에는 아이돌보미로 한 가정에 취업했지만, 얼마 지나지 않아 저와 남한 사람의 억양 차이 때문에 아이의 언어 발달에 부정적이라는 판단을 받아 그만두게 되었습니다.

우리 가족 모두 탈북에 성공하여, 딸 둘, 남편과 함께 거주하고 있습니다. 한 딸은 스튜어디스로 항공사에 근무하고 있고, 다른 딸은 대학생이며, 남편은 소설가입니다. 북한에서 구류장에 있었던 경험 덕분에 저는 어떤 일이든 할 수 있다는 자신감을 가지게 되었습니다. 그래서 당당하고 자신감 있는 성격입니다.

최근에는 복지관에서 북한이주 여성들을 위한 모임의 대표로 활동하며, 후배 북한이주민들이 제 동네로 이사 올 때 도움을 주고 있습니다. 남편과 함께 중고 가구나 유모차를 필요한 이들에게 제공하고, 가스 연결을 확인해 주는 등 실질적인 도움을 주고 있습니다. 필요할 경우 도움을 요청하도록 심리적으로 안심시켜 주는 일도 하고 있습니다. 이 모든 활동이 저에게 큰 의미가 있으며, 제가 할 수 있는 일을 통해 다른 분들에게 도움이 되고 싶습니다.

## 연구 참여자 4 (2004년 입남, 여)

저는 2004년에 남한으로 입국했고, 현재 50세로 대학생인 딸과 함께 살고 있습니다. 전업주부로 지내고 있지만 가끔 아르바이트도 하고 있습니다.

북한에서 살던 시절, 어느 날 구류장에서 퇴소한 친구를 길에서 만나게 되었고, 그 친구가 도움을 요청했습니다. 그래서 하룻밤 재워주며 남한 사회에 관한 이야기를 처음 듣게 되었습니다. 그 후 친구의 제안으로 중국에 일주일만 같이 가보자는 결심을 하게 되었고, 브로커를 통해 중국을 거쳐 남한으로 오게 되었습니다.

남한에 도착한 후, 가장 힘들었던 것은 홀로 있는 외로움이었습니다. 어린 딸을 남기고 탈북한 자신을 후회하며 모든 희망을 잃어갔습니다. 아파트 고층에서 자살을 시도했지만, 그 순간 북한에 있는 딸을 데려와서 함께 살아보자는 생각이 떠올라 자살을 포기하게 되었습니다. 이후 저는 브로커를 통해 딸, 여동생, 여동생의 딸을 안전하게 남한으로 이동시켰습니다. 교회와 주변 인물에게 2,700만 원을 빌려 브로커에게 주어 일주일 만에 무사히 건너왔습니다. 지금은 딸과 함께 일상을 보낼 수 있다는 것만으로도 감사하게 생각합니다. 아침 식사를 함께하고, 제 옆에서 딸을 지켜볼 수 있다는 것보다 더 바랄 것이 없습니다.

특별한 신체적 질병은 없지만 두통을 자주 호소하며 건강에 대해 걱정이 많습니다. 요즘은 대학생이 된 딸이 과외하며 용돈을 벌어오고 있어 정말 자랑스럽습니다. 딸을 사회에서 꼭 필요한 인물로 키워내는 것이 제 인생의 가장 큰 목표라고 생각하고 있습니다.

# 제3장 연구방법론 소개, 자료수집과 분석

나는 2014년 북한출신 여성들이 지닌 심리·사회적 자원을 밝혀내고자 하였다. 이 목적을 달성하기 위해 질적사례 연구방법론(Qualitative Case Study Methodology)이라는 연구방법론을 활용하였으며, 이는 연구하고자 하는 현상이나 이슈에 대한 정보가 거의 없을 때 적합하다. 북한출신 여성들은 그들의 특수성으로 인해 접근이 쉽지 않고, 심리·사회적 자원에 대한 기존 연구가 미흡하다는 점에서 이 연구 방법이 적합하다고 판단하였다.

이러한 방법론을 통해 나는 북한출신 여성의 심리·사회적 자원에 대한 주요 자료로 심층 면담을 구성하였고, 보조 자료로 현장 노트와 프로그램 관찰 노트를 활용하였다. 심층 면담은 Seidman(1998)이 언급한 3단계 방법에 따라 진행되었으며, 북한이주민의 특수한 상황을 고려하여 면담 시 자기 노출에 대한 경계심을 감안하여 비구조화된 면접으로 진행하였다. 비구조화된 면접은 면접자와 피면접자가 자유롭게 대화하고 토의할 수 있으며, 미리 결정된 통제나 질문 없이 유연하게 진행될 수 있는 장점이 있다.

Seidman(1998)에게서 제시된 3단계 방법은 다음과 같다. 첫 번째 단계에서는 연구 참여자의 생애사에 초점을 맞추어 연구 주제인 심리·사회적 자원을 밝혀내기 위해 자기 삶의 이야기를 자유롭게 풀어내도록 하였다. 연구자의 성급함에서 벗어나기 위해 노력하였으며, 주된 대화 내용은 탈북한 동기, 제3국에서의 전반적인 생활, 남한 사회의 적응, 초기 적응 시 유용한 환경적 요소 등이다.

두 번째 단계에서는 참여자의 신념을 형성하는 경험의 세부 내용에 초점을 두어, 심리 · 사회적 자원 주제와 관련하여 구체적인 내용 탐색이 가능하도록 하였다. 주된 대화 내용은 남한 사회에 정착하는 데 도움이 되었던 부분, 힘든 상황에서 살아갈 수 있도록 해준 개인과 환경적 요소들, 스트레스 상황 대처 방법 등이었다.

세 번째 단계에서는 연구 참여자가 두 차례의 인터뷰에서 언급한 내용을 반추하고 그 의미를 되새기는 데 초점을 두었다. 두 번째 인터뷰 후, 참여자들에게 자신이 언급한 심리 · 사회적 자원들을 돌아보고 그 자원들이 자신에게 어떤 의미가 있는지 간략히 작성해 오는 과제를 부여하여 자기 인식 능력을 높이고자 하였다.

주된 대화 내용은 자신이 획득하고 활용한 자원들, 활용한 자원에 대한 인식, 남한에 정착하며 경험한 심리적 변화와 그 과정, 입남 전후 신념과 가치의 변화 등이다. 연구 참여자들이 편안하게 인터뷰에 참여하고 심리 · 사회적 자원을 명확히 밝혀내기 위해 '비유적 질문 기법(예: 동물이나 꽃에 자신을 비유한다면 무엇인가? 무인도에 간다면 가져가고 싶은 것은 무엇인가?)', '인생의 버킷 리스트', '관절 인형 활용', '그림으로 자신의 마음 표현하기' 등 다양한 방법을 보조적으로 활용하였다. 이를 통해 연구 참여자들은 경직된 분위기에서 벗어나 편안하고 즐겁게 자신의 이야기를 나눌 수 있었다.

자료수집 기간은 2014년 11월부터 12월까지 약 2개월 동안 진행되었으며, 개인당 3회 인터뷰를 하였고, 1회당 소요 시간은 평균 120~170분으로 총 35시간이 소요되었다. 인터뷰 장소는 북한출신 여성들의 거주지와 가깝고 그들에게 익숙한 장소인 A사회복지관 내 상담실을 이용하였다.

이 연구에서는 북한출신 여성들의 심리 · 사회적 자원을 파악하기 위해 다음과 같은 2단계 자료 분석 절차를 거쳤다. 첫째, 연구자는 전사록을 반복하여 듣고 읽으며 자료를 이해하고자 하였다. 원자료를 일차적으로 분절하고 주제를 찾아 의미 단위를 구성하였다. 의미 단위 구성은 심리 · 사회적 자원 관련 내용을 중심으로 하여 분절된 자료 형태로 구성하였다. 이는 사례 내 분석으로 북한출신 여성들의 인터뷰 내용 중 심리 · 사회적 자원 관련 주제를 정리하고 분석한 것이다. 둘째, 범주화 단계로 사례 간 분석을 진행하였다. 각 사례 간의 연관되고 공유되는 주제를 밝혀내어 이를 최종적으로 범주화하였다.

# 제4장 (연구를 통해) 발굴한 북한출신 여성들의 심리·사회적 자원

연구자는 북한출신 여성들의 심리·사회적 자원을 탐색하기 위해, 일차적으로 사례 내 분석하였고, 이후 사례 간 분석을 통해 사례 간의 연관성과 공유되는 주제들을 밝혀내어 최종적으로 범주화하였다. 사례 간 분석 결과, 북한출신 여성들의 심리·사회적 자원은 〈자기 보호〉, 〈자기 극복〉, 〈자기 존재 인식〉의 3가지 범주로 나뉘었다. 자기 보호는 '자기애', '가족 애착', '이웃과 물자 공유', '조화롭게 지내기', '갈등 회피'의 다섯 가지로 구성되었고, 자기 극복은 안정된 생활 확보와 부정적 감정 극복을 포함하여 '악착같이 버티기', '성실함과 노력', '나만의 기분 전환 활동', '수다 떨기', '내려놓음', '낙천적 태도'의 여섯 가지로 나뉘었다. 마지막으로, 자기 존재 인식은 '나는 귀한 딸이었다'와 '나는 엄마이다'의 두 가지로, 총 13개의 하위 범주로 나뉘었다.

## 1) 자기 보호

연구 참여자들은 자신을 보호하기 위해 심리·사회적 자원을 활용하고 있었다. 이들은 자신과 가족에 대한 사랑과 애착, 이웃과의 물자 공유를 통한 네트워크 구축, 인간관계에서 원만하게 어울리려는 노력, 그리고 갈등을 회피하는 대처 방식을 통해 자신을 보호하며 살아가고 있었다. 자기 보호의 영역은 '자기 사랑', '가족 애착', '이웃과 물자 공유', '조화롭게 지내기', '갈등 회피'의 다섯 가지로 나뉘었다. 북한이주 여성들은 남한 사회에 정착하면서 기본적으로 자기 보호 수단으로서 자기애, 가족에 대한 애착, 이웃과의 물자 공유, 원만한 인간관계를 유지하려는 노력, 그리고 갈등 시 회피하는 대처 방식을 심리·사회적 자원으로 활용하고 있다.

자기 보호적 기능은 세 가지로 범주화할 수 있었다. 첫째, 자기애와 관련된 부분이다. 자기애는 누구에게나 나타날 수 있는 일반적인 성격 특성으로, 자신을 사랑의 대상으로 삼는 자기중심적인 심리 상태를 의미한다(Raskin & Hall, 1981). 건강한 자기애는 삶에 활력과 자존감을 주는 긍정적인 영향을 미칠 수 있다고 보고되었다. 이 연구에서 북한출신 여성들의 자기애는 자신을 보호하는 기능을 하는 것으로 나타났다. 한 참여자는 "우선 내가 건강해야 뭐라도 하지 않겠습니까?"라고 언급하며, 자신을 아끼는 행위가 그들에게 있어 보호의 수단이자 생존을 가능하게 하며, 보다 나은 미래를 위한 기초가 된다고 강조했다. 즉, 북한출신 여성들이 자신을 사랑하고 돌보는 자기애는 자기를 보호하는 기능을 하며, 이들이 남한에 정착하는 데 중요한 심리·사회적 자원으로 작용하고 있다.

둘째, '가족 애착'은 북한출신 여성들에게 보호 자원으로 기능하고 있었다. 연구 참여자들의 가족 구성원 수, 동거 여부, 남편과의 이혼 상태는 다양했으나, 가족의 존재는 모두에게 소중한 존재이자 정착에 중요한 사회심리적 자원으로 밝혀졌다. 가족이 북한이주 여성에게 중요하게 인식되는 이유는 두 가지로 요약할 수 있다. 첫째, 정서적인 측면에서 외로움, 소외감, 불안 등을 해소하고 지지체계를 마련하여 사랑과 친밀감을 교류하고자 하는 욕구이다. 둘째, 경제적인 측면에서 협력을 통해 생계형 직업의 고단한 삶을 벗어나고자 하는 욕구가 내재해 있다. 이러한 점에서 북한출신 여성들이 가족의 울타리를 진정으로 원하는 것은 정서적, 경제적 안정된 삶을 영위하고자 하는 자기 보호적 측면이 강하며, 가족 애착은 그들에게 중요한 심리·사회적 자원으로 나타났다. 그러나 가족을 형성하고자 하는 북한출신 여성들의 바람이 여러 이유로 지속적으로 좌절될 경우, 그들은 경제적 목적을 달성하기 위해 조건적 만남이나 불륜, 성매매와 같은 부적절한 선택을 하기도 한다. 따라서 북한출신 여성들이 건강한 가족을 이룰 수 있도록 지원하는 정책과 상담 및 복지 체계가 필요하다.

셋째, 북한출신 여성들은 인간관계를 형성하기 위한 전략을 활용하고 있었다. 음식, 생필품 등을 이웃과 공유하고, 가능한 한 사람들과 원만하게 지내려는 태도는 남한에서의 미비한 인간관계 네트워크 구축과 생활 터전 확장을 위한 노력으로 보인다. 또한 갈등을 회피하는 행위는 남한에서 사회적 약자의 위치에 있기 때문에, 갈등에 직면했을 때의 불리함과 두려움을 미리 인지하고 이를 회피하는 방식으로 나타났다. 특히 갈등 회피는 북한에서 온 사람으로서 상대방이 자신을 무시할 때 주로 선택되는 행동 방식으로, 북한출신 여성들이 사용한 자기 보호를 위한 심리·사회적 자원으로 활용되고 있다. 그러나 이러한 갈등 회피는 북한출신 여성들이 문화적 장벽을 해결하기보다는 스스로를 이방인으로 취급하게 할 수 있어 바람직하지 않다. 개인적으로는 상처를 덜 받기 위한 자원으로 작용할 수 있지만, 남북 통합의 관점에서는 갈등 회피가 남한 사람과 북한 사람 간의 경계를 더 뚜렷하게 만드는 부정적인 방향으로도 작동할 가능성을 배제할 수 없다.

남한 사람들은 북한이주민을 가난한 나라에서 온 못난 사람으로 인식하는 경우가 많다. 오랜 분단의 역사로 인해 문화적 차이를 단기간에 해소하기는 어렵지만, 서로 다른 생각과 경험 체계를 이해하기 위해 노력하는 것은 남북 모두의 역사적 책임이다. 이를 위해 정부와 지역사회는 남과 북 간의 인식 개선과 편견을 줄이기 위한 정책을 수립하고 적극적으로 실천해야 한다. 정부와 지역 복지 관련 기관들은 남북 간의 문화적 이해를 돕고, 북한출신 여성들이 지역사회에 정착할 수 있도록 연결고리 역할을 해야 한다.

## (1) 자기애 (Self-love)

연구 참여자들은 "첫째고 둘째고 나 자신(연구 참여자 2)"을 우선시하는 자기애를 통해 스스로를 매우 소중히 여기는 자세를 보인다. 이는 이들이 북한을 탈출한 후 남한 사회에 적응하기까지 겪는 생존의 위협, 죽음의 공포, 은둔 생활 등에서 비롯된 경험으로 인해 자기 존재가 사라지거나 위협받을 수 있다는 인식이 더욱 강하게 나타나는 것으로 생각된다.

> 나는 내가 소중하다고 생각합니다. 내가 소중하기 때문에 가족도 중요하다고 느낍니다. 나는 나를 가장 먼저 생각합니다. 친구들도 내 중심에 있고, 내가 있어야 가족도 있고, 내가 있어야 집도 필요합니다. 나는 나 자신을 가장 소중히 여깁니다. 그렇죠, 내가 중심에 있고 그다음이 가족입니다. 내가 없으면 내 가족도 필요 없으니까요. (참 1)

나는 나 자신을 잘 챙깁니다. 나 자신이 있기 때문에 귀한 손자와 아들, 그리고 옆에 있는 남편도 있습니다. 나는 첫째고 둘째도 나 자신이라고 생각합니다. (구류장 체험에서) 그 안에 딱 들어가 있으니까요. 그리고 여기 오는 과정에서 몸이 많이 상해버렸습니다. 일단 내가 아프면 주변 사람들에게 해줄 수 있는 게 없더라고요. 그러니 내 자신이 건강하고 내가 할 일이 있어야 합니다. 하다못해 만 원이라도 내게 있어야 내가 베풀 수 있고 내 형제와 자식을 도울 수 있습니다. (참 2)

(2) 가족 애착 (Family attachment)

연구 참여자들은 지금까지 홀로 버텨온 삶에서 "좋은 배우자(연구 참여자 1)"와 "새로운 가족(연구 참여자 4)"을 통해, 누군가와 함께 하고자 하는 친밀감의 욕구, 격려를 통해 일어설 수 있는 심리적 지지에 대한 욕구, 그리고 경제적으로 안정되기를 원하는 경제적 협력의 욕구를 드러냈다. 즉, 가족이라는 울타리는 중요하게 인식하며, 제1국민으로서 보다 안전감 있게 정착해 나가고자 하는 바람이 내포되어 있다.

연구 참여자 중 유일하게 가족(남편 1명, 자녀 2명)과 함께 지내는 참여자 3은 남편이 먼저 남한으로 내려온 후 자녀들과 함께 내려왔다. 그녀에게 가족은 의지처이자 살아가는 이유로 인식되었다. 중국에서 북송되어 구류장에 있을 때도 얼음을 팔아 쌀밥을 구매해 엄마에게 전달해 준 딸들이 있었기에, 그녀는 하루하루 가족을 생각하며 정신력을 유지했던 경험을 이야기했다. 연구 참여자들에게 가족은 존재 자체로 힘이 되어주고 삶에 열심히 임해야 할 동기가 되기도 했다.

또한 홀로 지내는 연구 참여자들(1. 2. 4)은 좋은 배우자를 만나 가족을 이루기를 희망했다. 그 이유는 무엇보다 외로움과 소외감 등 심리적으로 의지할 대상이 필요했기 때문이며, 경제적으로 협력하여 안정된 생활을 영위하고자 하는 바람도 찾아볼 수 있었다. 이들에게 가족은 자신과 분리될 수 없는 존재로 인식되고 있었다.

이제는 좋은 배우자를 만나 결혼하려고 생각하고 있어요. 결혼해서 함께 살고 싶어요. 너무 지쳤어요. 내가 지친 이유는 경제적으로 어려워서가 아니라, 심적으로 너무 힘들어요. 사는 것이 정말 어렵고… 이제는 스트레스를 받아서 음식도 잘 땡기지 않고, 밥도 잘 못 먹고, 잠도 잘 오지 않아요. (중략) 이 땅에서 태어났다면 독신으로도 살 수 있겠지만, 저는 여기 혈혈단신으로 혼자 왔잖아요. 아무것도 없으니까, 가족이 정말 소중해요. 새로운 가족을 만들어야겠어요. (참 1)

(구류장에서) 사람이 죽는다는 것은 모든 것을 포기하고, 나를 기다려줄 사람이 없다는 것입니다. 이렇게 마음을 놓으면 죽는 거예요. 죽는 것도 잠깐이지만, 그때 정말 힘들었던 순간에 남편과 아이들이 있었기에, 아이들이 내게 희망이 되었어요. 애들이 엄마를 기다린다는 생각이었죠… 어느 날 철장 속에 앉아 너무 힘들 때, 창밖에서 아이들이 "엄마, 빨리 나오세요!"라고 외치는 모습을 상상하곤 했어요. 그게 환각처럼 떠오르더라고요. 아이들이 엄마 때문에 속상해하니, 큰 애가 교회 문 앞에 가보지도 못했지만, 저녁마다 "우리 엄마 살려주세요"라고 기도했다고 하더군요. (참 3)

어떤 생활 속에서 살아갈 수 있는 터득감도 좋은 방법이지만, 저처럼 건강이 좋지 않아도 자식에 대한 책임감과 가족에 대한 마음이 중요하다고 생각해요. 사회적으로 볼 때 이것은 큰 장점이죠. 저는 그렇게 생각해요. 사회가 건강해지려면 가족이 서로 결합해야 하고, 그래야 재미있고 사회가 활성화되지 않을까요. 마음에 맞는 좋은 사람을 만나고 싶어요. 그런데 쉽지 않네요. (참 4)

(3) 이웃과 물자 공유 (Sharing resources with neighbors)

연구 참여자들은 이웃들과 함께 산에서 주운 밤, 직접 담근 효소 등 음식을 나누고, 버려진 중고 가구나 사용할 만한 유모차 등을 서로 주고받으며 관계를 형성하고 있었다. 이러한 행위는 기본적으로 정서적 친밀감을 나누는 것이지만, 그 이면에는 혈혈단신으로 친인척이 없는 상황에서 자기 편의 사람을 만드는 자기 보호적 기능이 있다고 해석할 수 있다.

> 가시가 많아도 그런 활동이 재미있어요. 나는 온 산을 헤매며 밤을 잔뜩 주워 오기도 하고, 친구가 김치를 담글 때 도와주거나 내가 직접 김치를 만들어주기도 해요. 우리 아들 집에도 주고 동생 집에도 나눠주고, 나는 세포기만 가져오고… 이렇게 나누는 게 있어요. 나눠주면 상대방이 '어이구 맛있다, 어이구 좋다'라고 하잖아요. 그럴 때마다 내가 먹은 것처럼 즐거워요. 여유가 있을 땐 음식보다 여러 가지 효소를 담가서 나눠주고, 함께 나눠 먹기도 해요. 텃밭이 있다면 가꿔서 같이 나눠 먹고 싶어요. 그런 생활이 참 좋다고 생각해요. (참 2)

> 남편과 함께 차를 끌고 여기저기에서 버려진 가구들을 주워서 갖다주곤 했어요. 남편은 기름값으로 삼만 원씩 받았고, 처음에 트럭이 있어서 정말 많은 좋은 일을 했어요. 내 차에 자전거도 싣고, 의자와 좌석이 다 낡아져도 좋은 일을 많이 해요. 덕분에 무사고로… 또한 보험을 들면서 애들 키운 집의 유모차를 가져다 주기도 했어요. (참 3)

(4) 조화롭게 지내기(Living harmoniously)

"이웃과 감정을 나누는 것은 어마어마한 행복이자 결코 바꿀 수 없는 선물"이라고 연구 참여자 4가 말하며 인간관계의 중요성을 인식하고 있었다. 북한출신 여성들에게 북한에서 남한 사회로의 이동은 새로운 인간관계 양상을 만들어냈다. 북한에서는 만날 사람들이 있었지만, 남한에서는 스스로 노력하지 않는 한 인간관계가 매우 단절된 모습을 보이게 된다. 그들은 새로운 땅에서 새로운 사람들을 만들어가야 한다는 것을 인식하며, 서로 좋게 지내려는 노력이 나타났다(연구 참여자 2).

> 다른 사람은 어떨지 모르겠지만, 저는 먼저 다가가려고 해요. 우리 동네 옆집과도 잘 지내고 있고요. 가끔은 1,000원짜리라도 사다 드리기도 해요. 어쨌든 친구든 동네든 서로 좋게 지내려고 노력하고 있어요. (참 2)

### (5) 갈등 회피 (Avoiding conflict)

연구 참여자들은 남한 사람들과의 관계에서 "북한 사람"이라는 이유로 무시당하며, 이에 대해 회피하는 대처 양식을 보이곤 했다. 스트레스를 너무 받아서 내가 무너질 것 같으니까 아예 피해버리기도 한다는 연구 참여자 4의 말처럼, 이들은 다른 사회체제에서 문화적 차이로 인해 차별받거나 불리한 상황에 놓이는 갈등을 회피하고 무시하는 태도로 적응하고 있다. 이는 더 이상 마음에 상처받고 싶지 않은 그들 나름의 삶의 방식이자 인간관계 대처 방식이라고 할 수 있다.

> 내가 생각하기에 우리 같은 사람들을 부정적으로 바라보는 사람들은 무시했어요. 반면 긍정적으로 생각해 주는 사람들에게는 마음을 열었고, 좋은 것만 받아들이고 나쁜 것은 무시했어요. 표현은 하지 않지만, 너희나 나나 같은 나라에서 같은 돈을 받고 같은 시간 동안 노동한다고 생각했어요. (참 1)

그러니까 이야기하죠. '난 이것으로 종결하겠습니다.' 그리고 '나를 보기 불편하세요?'라고 물어봐요. 만약 불편하다고 하면, '알았어요. 당신의 감정을 존중합니다.'라고 말하고 피해버려요. 왜냐하면, 그걸 하지 않으면 내가 너무 힘들 것 같아서, 스트레스를 많이 받아서 무너질 것 같으니까 아예 피하는 거죠. (참 4)

## 2) 자기 극복

연구 참여자들은 자기를 극복하고 더 나은 환경을 만들기 위해 심리 · 사회적 자원을 활용하고 있었다. 자기 극복은 기본적 생활 안정과 심리적 회복 두 영역에서 나타났다. 기본적 생활 안정은 '악착같이 버티기'와 '성실과 노력'으로, 심리적 회복은 '기분 전환 활동', '수다 떨기', '내려놓기', '낙천성'으로 구분되었다. 북한출신 여성들은 의식주 안정성을 확보하기 위해 끊임없이 노력하며 일터에서 마치 자기 집처럼 일했다. 이러한 태도는 북한출신 여성들에게 적절한 유 · 무형의 보상(예: 보험사에서 근무하며 동료보다 세 배의 월급을 받음, 식당에서 동료들의 인정 등)을 가져다주었다. 또한 홀로 살아가는 것에 대한 우울감과 생계를 위한 직업 탐색, 돈 벌어야 하는 부담감 속에서 북한출신 여성들은 자신의 불쾌한 감정을 관리하고 긍정적인 정서로 변화시키기 위해 취향에 맞는 활동(책 읽기, 요리하기, 산책하기, 나들이 가기, 꽃 관찰하기, 감자 캐기 등)을 찾을 수 있었다. 이러한 기분 전환 활동은 북한출신 여성들이 새로운 기분을 갖고 삶의 활력소를 얻을 수 있는 중요한 심리 · 사회적 자원으로 작용했다.

북한출신 여성들은 스트레스를 극복하기 위해 친한 사람들과 수다 시간을 갖는다. 수다란, 회의, 토론, 상담 등과 같은 말하기의

한 방법으로 정의하며, 이는 여러 기능을 포함하는 다기능적인 말하기 유형이다. 즉, 수다는 북한출신 여성들이 어려운 삶의 과정을 극복하기 위해 활용하는 심리 · 사회적 자원으로, 그들에게 힘을 주는 역할을 한다고 볼 수 있다.

또한 북한출신 여성들에게는 아무리 노력해도 이루어지지 않는 것들이 있었다. 자신과 함께 탈북하다 북송된 잃어버린 딸을 찾지 못했고, 배우자와의 만남도 자기 뜻대로 이루어지지 않았다. 고급스러운 주택에서 문화 있는 삶을 누리고 싶다는 바람도 있었지만, 남한에서의 정착 과정은 대부분 척박했다. 이러한 상황에서 참여자들은 마음을 다스리고 내려놓는 방법을 터득해 갔다. 상황을 바꿀 수 없을 때 자신의 마음을 다스리는 법을 찾아 평정심을 유지하는 것이었다. 예를 들어, 딸의 생사를 십 년째 모르고 있는 참여자는 스님 책을 읽으며 요동치는 마음을 안정시키기 위해 부단히 노력한 경험이 있다. 또한 남한에서 최소한 안정된 의식주 생활을 누리기를 원하는 참여자는 배우자를 만나지 못한 경우, 노력으로는 해결할 수 없는 부분이 있음을 인식하고 체념하려고 했다. 즉, 내려놓기는 북한출신 여성들이 남한 사회에서 정착하기 위해 활용하는 중요한 심리 · 사회적 자원이라고 할 수 있다.

더불어 북한출신 여성들은 감사와 낙천성을 동시에 지니게 된다. 남한 사회는 북한 사회와 비교할 수 없을 정도로 발전하였다. 연구 참여자들은 북한 학교에서 배웠던 남한 사회의 가르침이 틀렸음을 깨달아 가고 있었다. 예를 들어, 매일 먹을 걱정 없이 살아가는 일상, 푸른 나무가 뒤덮인 보기 좋은 산, 가까운 동네에서 관

찰할 수 있는 다양한 이름 모를 꽃들, 자유롭게 이용할 수 있는 대
중교통 등이 있다. 즉, 북한 사회와 다른 민주주의 국가인 남한 사
회에 거주하고 있다는 것만으로도 북한출신 여성들에게 감사의 마
음을 가져다주었다.

목숨을 걸고 두만강을 넘어온 시절부터 정착하기까지, 수많은
어려움과 시련, 고통의 과정은 북한이주 여성들에게 낙천성을 부
여하고 있는 것으로 해석된다. 그들은 대한민국 국민으로서 정체
성을 확보해 가며 성숙해 가고 있다. "우리가 두만강도 건넜는데,
뭔들 못하겠습니까?"라고 말하며 크게 웃는 참여자의 말처럼, 인
간이 감내하기 어려운 고통을 웃음으로 승화시키는 모습이다. 낙
천성은 북한출신 여성들이 남한 사회 정착 과정에서 획득하고 활
용하는 중요한 심리 · 사회적 자원으로 보인다. 이처럼 북한출신
여성들은 자기 극복을 위해 '억척스러움', '성실과 노력', '자기만의
기분 전환 활동', '가까운 사람들과의 수다 떨기', '내려놓기', '감사
와 낙천성' 등 여섯 가지 심리 · 사회적 자원을 활용하고 있음을 알
수 있었다.

(1) 남한에서 살기 위해 악착같이 버티기(to hold on tenaciously to
survive in South Korea)

북한출신 여성들은 북한을 탈출하여 남한에 입국하기까지 오랜
기간 불안한 상태에서 어려운 시간을 보냈다. 그리고 남한에서 대
한민국 국민이 되기 위해 악착같이 버티는 강인함을 보여주었다.
한 연구 참여자는 '오직 살기 위한 마음'이기에 당장 살아남기 위

해 식당 등 일터에서 견뎌야 한다고 말했다. 그들이 꿈꾸던 자유의 땅은 현실적으로 쉽게 마주할 수 없는 곳이다.

> 내가 이 땅에 와서 산 지 5년밖에 안 됐다. 나이로 치면 다섯 살이다. 여기서 뿌리를 내리고 적응하지 못하면… (중략)… 정말 악착같이 버텼어요. 진짜로 악착같이 버티고 살았어요. 오직 살기 위한 마음뿐이에요. (참 1)

(2) 성실함과 노력 (diligence and effort)

'부지런한 농사꾼에게는 나쁜 땅이 없다'라고 언급한 참여자처럼 이들은 가정과 직장에서 성실하게 노력하고 있다. 성실함과 노력은 남한 사람들에게 뒤처지지 않으려는 의지에 기반하고 있으며, 남한 사회에 하루빨리 정착하고자 하는 열망을 반영한다. 이러한 부단한 노력은 북한출신 여성들에게 긍정적인 결과로 이어졌으며, 예를 들어 자격증을 취득하고(연구 참여자 5), 직장에서 주변 사람들로부터 인정받는(연구 참여자 2) 등 각자에게 적절한 보상을 경험하고 있다. 또한, 북한출신 여성들의 성실함과 노력 뒤에는 어떻게든 '살아가야 한다'라는 불안이 동기로 작용하고 있다.

> 그냥 열심히 살고 있어요. 올해는 집에서 편하게 놀고 있지만, 그동안 10년 동안은 정말 뺑뺑 돌면서 살았던 것 같아요. 일을 안 하면 뭔가 불안했어요. 일이 없어서가 아니라, 오늘 일을 놓으면 내일은 어떻게 살지에 대한 불안감이 항상 있었던 것 같아요. 열심히 노력해야 해요. (참 1)

> 자격증도 따고, 나름대로 내가 우리 딸에게 항상 자랑스럽게 말하는 게 있어요. '정말 엄마가 여기 와서 자랑스럽다고 생각해. 아픈 몸을 이끌고도 자격증

하나라도 따려고 도전했다는 것!' 그리고 남들이 공부할 때 그 기회를 잃지 않겠다고 두 번, 세 번 노력했어요. 공부는 진짜 노력한 것 같아요. 노력하니 잘 되더라고요. (참 5)

이처럼 북한출신 여성들이 어떠한 상황에서도 악착같이 버티고 성실함과 노력을 다하는 이유는 두 가지로 정리할 수 있다. 첫째, 의식주를 해결하기 위한 생계형의 필요성이고, 둘째, 생계를 넘어 보다 나은 삶을 영위하고자 하는 의지와 북한에서 꿈꿔온 세계를 경험하고자 하는 간절한 기대 때문이다.

(3) 나만의 기분전환 활동 (My personal mood-lifting activities)

북한출신 여성들은 심리적으로 부정적인 감정(외로움, 소외감, 불안, 우울 등)을 감소시키고 생활의 활력을 주는 활동을 찾아 실천해 나가고 있었다. 딸의 생사를 확인하지 못하는 사람(참 2)의 심정을 누가 이해할 수 있을까? 견딜 수 없는 순간을 극복하기 위해 연구 참여자들은 손수예(참 1), 자전거 타기(참 2), 감자 캐기(참 3) 등 자신이 할 수 있고 취향에 맞는 일들을 통해 감정을 해소하고자 하였다. 이 외에도 참여자들이 언급한 활동으로는 산책하기, 얼굴 가꾸기, TV 보며 실컷 울기, 꽃 관찰하기 등이 있었다.

나는 자수, 수예, 손수예를 하고 있어요. 집에서 이렇게 놓고 있으면 아무 잡념도 없어져요. 가끔 밖에 나가서 자전거를 타면 시원한 바람이 확 스치잖아요. 자전거를 타면서 이런 생각을 해요. '내가 이 나이에 남한 땅, 그중에서도 서울의 한강에서 자전거를 타고 있다니, 상상도 못 했는데, 어떻게 여기 와서 이렇게 누리고 살게 되었지?' 북한에서는 먹고 살기 힘든데, 일하는 노동이 운동이에요. 북한에서는 건강 때문에 운동하고 자전거를 탄다는 건 상상도 못 해요. 그런 김OO이나 김OO 같은 사람들만 그렇게 생각하지, 일반 사람들은 상상도 못 해요. (참 1)

속상하고 우울해져서 스트레스를 받을 때는 우선 꽃을 보러 가요. 계속 꽃을 보며 사진도 찍고 그렇게 하죠. 나를 보면서 웃기도 하고 말도 해요. 사람들 주변에 있든 없든 꽃만 들여다봐요. 아스팔트 길에 핀 민들레꽃 한 송이도 그냥 지나치지 않아요. '어머나, 예쁘다!' 하고 감탄하죠. (참 4)

### (4) 수다 떨기 (small talk)

연구 참여자들은 수다를 통해 스트레스를 해소하고 감정을 순화하고 있었다. '한 번 앉으면 네다섯 시간은 기본이죠. 한 명에 대해 흉보기를 시작하면 두세 시간은 가는 것 같아요. 그래도 할 얘기는 끝나지 않아요.'(연구 참여자 3)라는 한 참여자의 증언처럼 북한 출신 여성들에게 수다는 스트레스 해소를 위한 좋은 방법이 되는 것으로 나타났다.

(또 집에 가서 전화하면서) 이야기를 많이 하죠. 이야기를 하면서 억울한 마음을 풀어요. 말하지 않으면 정말 머리가 아플 것 같아요. 그래서 옛날에 이런 말이 있잖아요. 슬플 때 누군가에게 슬픈 얘기를 하소연하면 그 슬픔이 덜어진다고… 음. 그래서 여자들이 수다를 떨잖아요. 앉으면 스트레스를 푸는 거래요. 누군가 흉도 보고… 여자들은 한 번 앉으면 네다섯 시간은 기본이에요. 한 명에 대해 흉보기를 시작하면 두세 시간은 가고, 그래도 할 얘기는 끝나지 않아요. 하하하! (참 4)

(5) 내려놓기 (emptying my mind)

연구 참여자들은 한국사회에서 자신의 노력으로 이룰 수 없는 것들이 있음을 인정하며, 남한 사람들과 출발점이 다르다는 것을 숙명적으로 받아들여야 한다고 인식하였다. 자기 뜻대로 되지 않는 상황을 경험하며, 북한출신 여성들은 마음을 내려놓는 법을 배워가고 있었다. 포기할 수 있는 용기와 실천은 그들에게 마음의 평안을 가져다준다.

> 이전에는 우리 딸에 대해 많이 생각하고 아들도 없으니, 그 부처님 앞에 가서 많이 울곤 했어요. 펑펑 울고 나면 마음이 조금 여유가 생기더라고요. 그래서 시간이 흐르면서 말하자면 노하우가 쌓였는지 모르겠지만, 현재는 10년이 지나고 보니 모든 것을 내려놓으려고 하고 있습니다. 누군가가 나에게 '시간이 지나면 너도 알게 될 거야'라고 말하면, 그 말을 마음에 새기며 편안해지려고 노력하니깐요. 그걸 통해 깨달았죠. 내 마음을 다스리는 것 같아요. 욕심을 부리면 결국 나에게 손해라는 걸요. 자꾸 내려놓아야 해요. (참 2)

(6) 감사와 낙천성 (gratitude and optimism)

북한출신 여성들의 감사와 낙천적 태도는 기본적으로 북한 사회와 비교할 때 사회적, 경제적, 문화적으로 뛰어난 환경에서 비롯된다. 이러한 환경(잘 갖추어진 도로, 불빛 등)은 각 개인에게 완전히 다른 삶으로 이동할 수 있는 기회를 제공한다. '365일 먹을 것을 걱정했던'(연구 참여자 1) 북한과 달리, 최소한 의식주는 걱정 없이 지낼 수 있는 남한 사회에 거주하게 된 것에 감사하고 있었다. 또한 자유가 억압되어 이동이 제한되었던 북한 사회와 달리, 남한에서는 누구의 허락 없이 자유롭게 다른 지역으로 이동할 수 있다. 민둥산이 아닌 푸르른 나무가 우거진 산과 나무를 떼지 않고 가스레인지로 편리하게 식사 준비를 할 수 있는 환경 등 모든 형편이 좋아졌다. 무엇보다 청소기와 세탁기 등 가전제품의 사용이 가능해지면서 가사 일의 부담이 줄어든 것은 그들에게 매우 반가운 일이었다. 이처럼 전혀 다른 남한 사회 체제는 북한에서와는 다른 일상의 모습을 만들어내었고, 이는 북한출신 여성들에게 낙천적인 태도로 나타났다.

> 북한에 있을 때는 그런 생각을 하지 못했어요. 내가 감사하고 긍정적이라는 것도 생각하지 못한 것 같아요. 사는 게 너무 고달프니까요. 일상생활의 모든 것이 여기 와서 사는 것 자체가 감사하게 느껴져요. 어찌 보면 여기 온 사람들은 운이 좋다고 생각해요. 북한에서는 잘 먹는 날이 명절인데, 여기는 내가 먹기 싫어서 안 먹잖아요. 힘들게 살다 보니 지금의 삶이 감사하고 고마운 것 같아요. 의식주 걱정은 없이 살 수 있잖아요. 저 땅에서 살았으면 그런 걱정을 365일 달고 살아야 했겠죠. 이 땅에 오니까 그런 스트레스는 하나도 없어요. (참 1)

> 풍경이 완전히 달라요. 도로가 이렇게 멋있을 수가 없어요. 밤에 야경이 가로등 켜진 것처럼 너무 멋있어요. 지금도 밤에 차를 타고 가는 일이 있을 때면, '우와, 너무 멋있다'라고 감탄해요. 수풀이 반짝반짝하고 다 비치는 게 정말로 멋있어요! 그러면 옆에서 '애 같다'라고 하더라고요. 저는 그게 너무 멋있어요. (북한은) 당에서 과제가 떨어지면, 새벽에 애들이 밥을 하고, 부모님은 강가에 가서 자갈을 채취해요. 그런 과제가 정말 많아요. 학교는 무료 교육이라고 해도, 말이 무료 교육이지 과제가 얼마나 많은지, 돈도 내야 하고, 토끼 가죽을 내라는 등등. 토끼 기른 집에 가서 사야 하잖아요. 그런데 여기 오니까 나가면 꽃동산이고, 자유롭고, 내가 원하는 대로 살 수 있어요. 누가 뭐라 하지 않잖아요. 밤에 10시에 자도 아무도 말하지 않고, 새벽 5시에 일어나서 나가도 아무도 뭐

라 하지 않아요. (북한은) 늦잠이라는 게 없죠. 나에게 주어진 과제가 많았는데, 여기 오니까 너무 자유롭고 좋아요. 대한민국 신분증 하나만 있으면 이 세상에 얻을 것 다 얻었다는 생각으로 왔거든요. 그래서인지 여기 와서는 모든 것이 감사하고 고마운 거예요. (참 2)

지난주에 종로에서 행사가 있었어요. 그런데 사람이 너무 많아서 10층까지 할머니들에게 한 번에 올라가자고 했어요. 계단을 걸어서 올라갔거든요. 올라가는데 어떤 할머니가 지팡이를 짚고 올라가더라고요. 어떤 할머니들은 힘들다고 하셨어요. 그래서 제가 그랬어요. '할머니, 두만강을 넘던 생각을 하면 이건 아무것도 아니죠' (웃음) 맞아요! 그게 맞다는 거죠! 아무것도 아니에요! 두만강에 비하면… 제가 그 말 한마디 하니까 할머니들이 '그래, 맞아요!' 하셨어요. (참 3)

## 3) 자기 존재 인식

연구 참여자들의 자기 존재 인식은 '나는 귀한 딸이었다'와 '나는 엄마이다'의 두 가지로 나뉘었다. 과거 북한에서 딸로서의 경험과 현재 자식의 엄마로서 역할을 인식하며 자기 존재의 의미를 찾아가고 있었다.

북한에서 살던 시절, 어린 시절 아버지와 시원한 계곡에 놀러 간 경험, 꽃을 구경하며 어느 꽃보다도 우리 딸이 가장 예쁘다고 말해주었던 아빠의 모습, 학교를 마치고 집에 왔을 때 반갑게 맞이해주었던 엄마의 모습, 아빠 등에 업혀 신났던 기억 등, 딸로서 부모로부터 받은 무조건적인 사랑을 회상하였다. 그리고 세월이 흐른 지금, 아들 또는 딸의 엄마로서 자식을 위해 아침밥을 짓고 학교에 보내며 잔소리하는 자신의 존재를 발견하였다. 북한에 있는 아들에게 용돈을 보내주기 위해 쉬지 않고 성실히 일하는 나, 나는 엄마로서 존재하고 있다. 엄마이기 때문에 자식들을 키우기 위해 생계를 책임져야 하며, 올바르게 살아야 한다.

이처럼 북한출신 여성들은 과거에는 딸로서, 현재는 엄마로서 자기 존재를 인식해 나가고 있으며, 이러한 자기 존재와 역할의 인식은 낯선 땅에서 정착하는 데 원동력이 되며, 때로는 희망이 없고, 소진될지라도 견뎌낼 수 있는 심리·사회적 자원으로 활용되고 있다. 또한 '귀한 딸'로서의 기억은 부모님의 사랑을 떠올리게 하며, 자신들도 부모로부터 받은 사랑을 자녀에게 물려주어야 하는 엄마로서 의무와 책임감을 되새기게 한다. "나는 누구의 엄마이다. 나는 당당한 엄마가 되어야 한다. 누구보다 잘살고 이 사회에서 우리 딸을 잘 키워내야 한다. 그것이 내가 이 땅에 태어난 사명이자 무엇보다 큰일을 하는 것이다." 한 참여자의 말이다. 엄마의 모습에서는 사명감 또한 느껴진다.

(1) 나는 귀한 딸이었다. (I was a precious daughter)

연구 참여자들은 과거를 회상하며 기억 속에 남아 있는 귀한 딸로서의 모습을 떠올렸다. 고단한 삶의 여정에서 과거로의 회귀는 역경을 극복하며 현재 자신의 존재 자체를 인식하는 데 도움을 주며, 이를 통해 삶을 살아갈 수 있는 원동력을 얻는 것으로 해석된다. "아플 때 떠오르는 엄마 아빠(연구 참여자 4)"라는 표현에서 보듯, 부모님에 대한 아련한 기억은 연구 참여자들이 현재의 어려움을 이겨내는 데 필요한 삶의 에너지가 되어준다.

몸이 아플 때 옛날 일들이 더 많이 생각납니다. 어릴 적 감정이 떠오르죠. 아빠와 함께 친구 집에 가서 술을 마시고, 아빠 등에 업혀서 쫑알쫑알 이야기하던 그때가 기억납니다. 고등학교 시절, 어느 날 갑자기 기분이 폭발적으로 올라오면서 그 순간들이 다시 꿈으로라도 보고 싶다는 생각이 듭니다. 좋았던 일들이 생각나고, 눈을 치우면서 느꼈던 성취감도 떠오릅니다. 부모님께 칭찬받을 기회를 가졌던 것도 정말 좋았어요. 동심 같은 기억도 있습니다. 정말 많이 아플 때는 엄마와 아버지가 가장 많이 떠오릅니다. 먼 길을 다녀오면 창문에 대고 엄마가 '왔다!'라고 말씀하시던 모습도 생각납니다. (참 4)

(2) 나는 엄마이다. (I am a mother)

연구 참여자들에게 자식의 존재는 그들의 삶에서 "버팀목(연구 참여자 1)"으로 인식되고 있다. 자녀들은 북한출신 여성들에게 "숨 쉴 수 있게 하는 이유(연구 참여자 4)"로 비유되기도 한다. 이는 자식을 통해 '엄마'라는 이름을 부여받고, 자녀를 양육하는 것이 쉽지 않지만, 그들의 엄마로서 잘 살아내야 한다는 인식이 강하다는 것을 의미한다. 결국 자식의 존재는 연구 참여자들이 남한 사회에 성공적으로 정착해야 하는 이유가 되며, 동시에 살아가야 할 동기를 부여하는 자신의 자아와 깊이 얽혀 있어 뗄 수 없는 주요한 존재라고 할 수 있다.

아들이 있으니까 더 열심히 살아야 하고, 노후 준비도 해야 하지만 자식을 위해 뭔가 해야겠다는 생각이 듭니다. 결혼도 시켜야 하고, 아들을 북한에 두고 있으니 함께 있지 않아도 애가 큰 버팀목이 되어줍니다. 내가 나약해지고 제대로 활동을 못 하면 내 새끼가 굶주릴 수 있으니까요. 그래서 중국에 있을 때 항상 '아들이 있으니까 내가 살지'라는 생각으로 힘을 내며 살았던 것 같습니다. 아들과 통화할 때도 '네가 있어서 이렇게 힘내고 산다. 너 없으면 엄마는 이렇게 살지 못한다. 그냥 편하게 살고 싶다'라고 항상 말해왔습니다. 자식이 있다는 것이 힘들었던 것들을 이겨내게 해준 것 같습니다. (참 1)

삶 자체! 에너지. 나한테는 우리 딸이 에너지예요. 그 에너지 중에서도 살아갈 수 있게 하는 어떤 이유라고 봤거든요. 전에는 이런 감정을 못 느꼈는데, 딸이 있기 때문에 내가 뭔가를 배워 성장하고 싶고, 화가 나도 참곤 합니다. 유일하게 내가 갖고 있는 내 마음의 끈이라고 할까? 이것 때문에 내가 삶의 이유를 분명히 알게 되고, 저 두 개는 떨어져서는 안 된다는 그런 것. 복합적인 감정이 다 있어요. 내가 낳은 자식이기 때문에 그런 자식이 커서 열매를 맺으면 얼마나 행복하겠어요. 내 안의 것을 온전히 키워내는… 뭐 식물 하나… 인간 하나 온전히 키워내고 싶은 그 자그마한 것들. 저는 그런 사람인 것 같아요. (참 4)

끝으로 위 결과의 해석에 근거하여 두 가지 결론을 도출하고자 한다. 첫째, 북한출신 여성들은 입남 후 남한 사람으로서 정체성을 확보하기 위해 여러 심리·사회적 자원을 활용한다. 그들은 어려운 상황에서도 끈기 있게 버티며, 제1국민으로서 새로운 정체성을 형성하고자 한다. 둘째, 이들은 현실적으로 안정적인 정착을 위해 생존적인 자원을 적극적으로 활용하고 있으며, 강한 생존 욕구를 바탕으로 성공적으로 정착해 나가고 있다.

이러한 결론을 바탕으로 연구의 한계점과 후속 연구를 위해 제언을 하고자 한다. 첫째, 연구 참여자들은 남한 사회에 5년 이상 거주한 이들로 제한되었으므로, 이들의 심리·사회적 자원은 거주 기간에 따라 다르게 이해해야 한다. 둘째, 연구 대상자들은 평양 이외의 지역 출신으로, 사회경제적 지위가 대체로 낮은 수준(중산층과 그 이하)의 자들이다. 이들이다. 따라서 북한에서의 지위에 따라 심리 · 사회적 자원이 다를 것으로 예상되므로, 이에 대한 연구가 필요하다. 셋째, 북한이주민은 남한과 제3국에 거주하는 경우로 나뉘므로, 이들의 심리 · 사회적 자원을 비교분석하는 연구가 필요하다. 넷째, 가족 동반 입국자가 늘어나고 있으므로, 북한출신 가족에 관한 연구 확대가 중요하다. 가족 내의 문화적 갈등을 해결하기 위해서는 가족 내에서 발생하는 현상을 정확하게 파악하고 기술해야 한다.

이 연구는 남한에 거주하는 북한출신 여성들의 심리 · 사회적 자원을 자기 보호, 자기 극복, 자기 존재 인식의 세 가지 범주에서 총 13개의 자원으로 밝혀낸 데 의의가 있다. 이러한 결과는 이론적 측면에서 북한출신 여성들에 관한 기초자료를 제공하며, 실천적으로 정책가 및 복지 전문인들에게 참고 자료로 활용될 수 있을 것이다.

## 〈부록〉
## (인터뷰 과정에서 겪게 된) 연구자의 세 가지 일화

참여자들을 만나는 과정에서 필자는 서로 다른 문화와 차이점을 경험했다. 그중 세 가지 일화를 소개하고자 한다. 연구 참여자 4와 인터뷰를 진행하는 동안, 그녀는 마로니에 공원에 가고 싶다고 말했다. 필자는 그 근처에서 오랫동안 학교를 다녔기 때문에 그 장소가 지루하게 느껴졌다. 하지만 그녀의 요청이기에 어느 날 북한 언니와 함께 그곳을 가기로 했다.

## "마로니에 공원에서의 추억"

언젠가 한 참여자(참여자 4)가 마로니에 공원에 가고 싶다고 말했다. 그 근처에서 학교에 다녔던 터라 그 공간은 나에게 익숙했다. 우리는 마로니에 공원에 놀러 가자고 약속했다. 아, 이제 그녀도 마음을 열어 진심이 통하는 북한 친구가 생길 것 같았다.

혜화역 5번 출구에서 그녀와 만나기로 했는데, 예상치 못하게 한 명이 더 나타났다. 그 친구는 내게 말도 없이 따라온 친한 북한 친구라고 했다. 그 순간, 게임에서 밀리는 듯한 기분이 들었다. 나는 그녀와 더 친하게 지내고 싶었지만, 북한 여자 두 명이 함께하니 어색함이 느껴졌다. 커피를 마시며 낯선 사람을 예고 없이 만나는 일이 싫었던 나는 별로 할 말이 없었다. 그냥 시시한 이야기들로 시작했다. 이 근처 학교에서 7년을 다녔고, 연구자라고 소개했다. 그러자 그 둘은 진로 고민에 관해 이야기하기 시작했다. 대학에 가야 하는데 무엇을 좋아하는지 모르겠다고 했다. 이 둘은 진로 상담을 받기 위해 나온 것이었다.

눈이 큰 그녀와 단둘이 아이스크림을 먹으며 사진을 찍고 여유롭게 걸으면서 북한에 관한 이야기를 더 깊이 알고 싶어 했다. 그러나 실망스러웠다. 셋이 함께 마로니에 공원을 걷다 보니 기분이 상쾌해졌다. 그 둘은 건물 앞에서 사진을 많이 찍었고, 그 광경이 내게는 낯설게 느껴졌다. 그들은 마치 소녀가 된 듯 기뻐하며 건물을 감탄했다. 나는 뭔가 코드가 맞지 않는다고 느꼈다. "뭐가 그렇게 좋냐"라고 물었다. 그들은 건물이 예쁘고 멋있다고 대답했다. 나는 그 둘을 바라보며 그들의 반응을 관찰했다.

그러던 중, 연구에 참여했던 북한 언니 한 명이 물었다. "선생님, 선생님은 상류층이신가요?" 나는 이런 질문을 처음 들어 당황스러웠다. 아무 말도 할 수 없었다. 상류층이 아니었기에 그 질문의 맥락을 이해하지 못했다. 중산층이라고 대답하려다가 상류층, 중류층, 하류층의 경계가 무엇인지, 그녀에게 상류층이 어떤 의미인지 이해하지 못해 답할 수 없었다. 그녀는 나를 부러워했을 것이다. 남한에서 태어난 사람으로, 가족과 친지를 만날 수 있는 현실이 부러웠던 걸까. 그녀는 나를 '상류층'으로 생각하고 있었고, 그 사실을 확인하고 싶었던 것 같다.

그녀가 다시 묻는다면 이렇게 말해주고 싶다. "나는 상위 1%의 상류층을 꿈꿨던 사람이지만 그렇지 못한 사람이다. 상위 1%는 아니지만 하고 싶은 일을 하며 감사하게 살아가고 있다. '잘 사는 것'보다 다른 사람들을 '잘 살게 해주는 사람'이 되고자 한다." 그렇게 그녀와의 1:1 미팅은 1:2 미팅으로 끝났다.

또 하나의 에피소드가 있다. 가끔 연구 참여자들과 정해진 장소를 벗어난 식사나 나들이를 하면서 두 사람의 관계가 더욱 가까워진다. 그다음 주, 필자는 연구 참여자를 만났고, 그곳에서 다시 한번 내가 남한에서 태어난 사람임을 실감하게 되었다.

---

**연구 노트_에피소드 2**

### "아침의 감사"

아침 인터뷰를 위해 커피가 필요했다. 둘은 눈이 부셨다. 커피를 마시며 한 주 잘 지내셨냐고 물었고, 차를 마시는 중에 그녀가 이야기하기 시작했다. 아침에 일어나 딸을 옆에서 볼 수 있다는 것에 관한 이야기였다. 그 말은 너무 흔하게 느껴졌다. 지루하기까지 했다. 아침에 오실 만했냐고 묻자, 그녀는 '아침 이야기'를 나누었다.

그녀는 아침에 일어나 딸을 볼 수 있어 감사하다고 했다. 이해가 갔다. 두만강을 넘어왔으니, 간절히 바랐던 딸과 함께 살 수 있다는 것이었다. 머리로는 이해가 되었고, 그럴 만하다는 생각이 들었다. 그녀의 큰 눈동자에서 아침의 감사가 찬란하게 빛났다. 아침에 일어나 일상을 만나는 것이 정말 감사하다고 했다.

그녀의 말에 비춰 내 아침을 되돌아보았다. 피곤함에 찌들어 욕망에 사로잡힌 채로, 오늘도 뭐든 잘하려고 했다. 남보다 더. 더 많이. 아침 식탁에 차려진 음식은 그저 먹어 치워야 할 것으로 여겨졌다. 대충 먹고, 일했다. 물론 감사했다. 일용할 양식과 가족, 건강, 그리고 가야 할 곳이 있다는 것은 축복이라는 것을 잘 알고 있다. 그러나 그녀의 말을 통해 마음의 감동을 느꼈다. 마음의 감동을 느껴본 지 꽤 오래된 것 같다. 무엇이 나를 감동시킬 수 있을지 고민해 봐야겠다.

작은 임대 아파트에서 그녀가 느끼는 감사는 호화로운 저택에 사는 누구의 감사보다 더 빛나고 있었다.

---

드디어 모든 인터뷰 일정이 끝났다. 속이 후련한 시점이다. 필자는 4명의 북한 언니들과 함께 감사의 마음을 전하고, 그동안 수집한 인터뷰 자료의 내용이 맞는지 확인하기 위해 자리를 마련하였다. 이는 그 당시 적어두었던 연구 노트이다.

## "소스통에 대한 추억"

혼신의 힘을 다해 인터뷰에 참여해 준 네 명의 북한출신 여성들에게 감사의 마음을 전하고 싶었다. 그들은 연구에 큰 관심을 보였고, 소정의 교통비를 받으며 흔쾌히 인터뷰에 응해 주었다. 우리는 인터뷰 과정에서 정이 들었는지 헤어지기가 아쉬워 함께 식사를 하기로 했다.

어떤 식당이 좋겠냐고 물었고, 그중 한 명이 복지관 근처에 푸짐하게 먹을 수 있는 식당이 있다고 말했다. 우리는 그곳으로 이동했다. 2층 계단으로 올라가니, 연말임에도 동네의 작은 식당은 한산했다. 키가 큰 주인아저씨가 우리를 반겨주었고, 좌식 형태의 한쪽 자리에 앉았다. 그곳은 밀폐된 방은 아니었지만, 우리가 웃고 떠들기에 충분히 편안한 공간으로 보였다.

싱그러운 채소와 푸짐한 음식들이 차려졌다. 정말로 진수성찬이었다. 우리는 그간 몰입해 인터뷰에 집중했던 서로에게 위로를 건네며, 인터뷰가 어땠는지, 불편한 점은 없었는지, 처음 만났을 때의 느낌을 허심탄회하게 이야기했다. 처음에는 이게 뭔가 싶었지만, 그들은 자신의 깊은 이야기를 생전 처음 꺼내놓으며 좋다고 했다. 이건 상담이 아닌데, 그들은 상담받은 것일까? 잠시 헷갈렸지만, 그들의 속이 시원하다는 것 하나로도 만족스러웠다.

나는 그들에게 연구의 포부를 밝혔다. 향후 남북이 통일되면 사회문화 통합 과정에서 해결해야 할 갈등이 많을 것이고, 정부는 정치와 경제에 초점을 맞춰왔기에 사회문화 통합과 관련된 연구가 매우 필요하다고 말했다. 문화라는 영역의 조화는 시간이 오래 걸리므로, 참여해 준 당신들이 통일의 선구자로서 매우 의미 있는 일에 참여하고 있음을 강조했다. 희망과 꿈이 '나'와 '그들'을 하나로 묶어주었다. 그들은 함께 동참하겠다고 하며, 앞으로 북한에 관해 궁금한 점이 있으면 무엇이든 물어보라고 했다. 자기 경험에 국한된 이야기지만, 주변의 또 다른 하나원 선후배들을 소개해 줄 수 있다고 큰 의지를 보였다.

한참 이야기를 나눈 것 같다. 약 1시간 반 정도. 나는 내 오른쪽에 앉은 한 여성이 눈에 들어왔다. 샤브샤브집에는 소스통들이 있는데, 이 집은 땅콩 소스, 칠리 소스 등 몇 가지 소스를 담아둔 바구니가 있었다. 월남쌈에 쓰는 소스였다. 그 소스통이 그녀가 앉은 식탁 한쪽 모퉁이에 놓여 있는 것 같았다. '뭐 하는 거지?' 이상한 행동이었다. 이 집에서 리필 되는 음식들이 몇 가지 있었는데, 그녀는 계속 먹을 모양이었다. 그 순간, 옆 테이블에서 우리를 바라보는 시선을 느꼈다. 정신없이 떠들어대는 가운데, 북한 말투는 여전히 크게 울려 퍼졌던 것 같다. 게다가 소스통까지 장악하는 우리를 누군가는 불쾌한 시선으로 바라보고 있었다. 소스는 칠리소스와 땅콩소스 등 여러 병이 하나의 바구니에 담겨 있었다.

나는 무르익은 이야기에서 빠져나와 '소소통'에 대해 고민하기 시작했고, 그들의 '말투'에 주목하게 되었다. 그때 나는 경계선에 서 있었다. 그들로부터 나를 분리하기 시작했고, 예의를 지켜줄 것과 목소리를 작게, 혹은 한국 말투로 바꾸어 줄 것을 강하게 요청하고 있었다. 나는 그들이 불편했고, 옆 테이블의 시선도 불편했다. 그들과의 '계약'이 끝난 시점에서, 충분히 친구가 될 수 있을지 의문이 들었다. 나는 그렇게 누구의 편도 아닌 '연구자'로 그 자리에 머물렀다.

나는 4명의 연구 참여자와 연구 과업 수행 외에도 보다 인간적인 방식으로 만나고자 하였으나, 여전히 남북 간의 벽을 온전히 허물지 못한 것 같다. 아마도 이러한 현상은 남북이 긴 시간 동안 각자의 방식으로 시간을 보내면서, 우리 각자에게 다른 문화적 환경과 경험을 남긴 자연스러운 결과일지도 모르겠다.

# 제3부

# 북한출신 여고생의 내러티브 : "움직이는 파란 조각들" (2019년 입남, 19세)

◯

〈외상 후 성장〉이라는 주제로 책을 쓸 때 꼭 소개하고 싶은 친구가 있었다. 그녀는 곧 대학에 입학할 예정이며, 그녀가 중학교 때 첫 인터뷰를 통해 처음 만났다. 그녀는 매우 강인하고 긍정적인 에너지를 가진 사람이다.

아래의 글은 '인터뷰이의 욕구_나는 무엇을 원하는가?'라는 주제로 포토보이스 연구방법론(Photovoice Research Methodology)을 활용한 것이다. 인터뷰이에게 질문지를 미리 제공하고 약 한 달 동안 자유롭게 자신의 폰을 활용하여 질문에 적합한 사진을 찍도록 하였다. 그런 후 우리는 만나서 이야기를 나누었고, 이 장에서는 그 내용을 가감 없이 소개하고자 한다.

* 인터뷰어 : 전주람
* 인터뷰이 : 성은영(가명), 19세, 여고생 (2019년 입남)
* 인터뷰 시점 : 2023년 8월 26일

전 : 이 사진은 뭐야?

성 : 이건 와플과 복숭아 아이스티 사진이에요.

전 : 와! 어떻게 가게 된 거야? 좀 더 자세히 설명해 줄 수 있어?

성 : 네, 제가 혼자 있고 싶을 때나 배고플 때 뭘 먹으면 기분이 좋아지잖아요?

전 : 맞아.

성 : 그래서 먹으러 가는데, 어디에서 뭐 먹거나 놀러 갈 때 거의 혼자 가요. 제가 밥을 좀 늦게 먹는 편이라, 같이 먹는 사람들 대부분이 "좀 빨리 먹으면 안 돼?" 이런 말을 하거든요. 그래서 혼자 가는 게 편해요. 이날은 학원에 갔는데 엘리베이터가 고장이 나서…

전 : 몇 층이야?

성 : 학원은 6층이에요. 걸어 올라갔다 내려왔다 해도 되긴 한데, 공부하고 내려왔다가 학원 시간 끝난 다음에, 거기서 조금 더 하고 가거든요. 선생님이 일찍 퇴근하셔서 뭐 먹으러 내려갔는데 엘리베이터가 고장이 났어요. 수리하시는 분이 한 15분 정도면 된다고 하셔서, '저녁도 먹고 하자' 하고 와플 먹으러 갔어요. 제가 혼자서 쉬고 싶을 때는 이렇게 와플 먹으러 자주 가요. 가서 맛있는 거 먹으면서 혼자서 생각도 하고 누구랑 연락도 하면 정말 행복한 시간이에요.

전 : 그래. 선생님도 이런 시간 너무 좋아해. 누구 만나는 것도 좋지만, 혼자서 시원한 데서 맛있는 거 먹고 연락도 하면 정말 좋은데… 이때 누구한테 연락하고 무슨 생각 했는지 기억나?

성 : 저는 와플 먹으면서 오가는 사람들도 구경하고… 예전에 북한에 있을 때 드라마를 많이 봤거든요. 거기서 검열이 완료된 드라마라 특별한 건 없는데, 외국 드라마 같은 거 보면 영화 속에서 외국 사람들이 카페 2층이나 1층에서 뭔가를 마시면서 창문 밖에 오가는 사람들을 보는 게… 근데 그게 북에 있을 때 정말 여유롭고 해보고 싶은 풍경이었어요.

전 : 아, 그랬구나.

성 : 그래서 항상 저도 해보고 싶었어요. '나만의 시간을 가지고 좀 여유롭게 살아보고 싶다'라고 생각하면서 시작한 건데, 여기 와서 음식을 먹으면서 사람들 구경도 하고 '옛날에 드라마 볼 때 이런 생각을 했었는데 지금 이렇게 하고 있네…' 하면서 뭔가 내가 생각했던 걸 이루었다는 마음이 드니까 자신감이 좀 생기는 것 같아요. (웃음) 그래서 공부하면서 '이것도 못 하고 저것도 못 하고 나는 왜 이럴까?' 했던 마음이 10년 전, 아니 8년 전과는 달라졌어요. 그때 내가 생각했던 걸 지금 이루고 있으니까, 늦게라도 천천히 배우더라도 '언젠가는 할 수 있겠지…' 하는 자신감도 생기고, 사람들 속에서 그리운 얼굴들을 찾아보기도 해요.

전 : 어떤 얼굴?

성 : 어느 날, 오늘처럼 음식을 먹고 있었는데 어떤 여자애가 사러 왔거든요. 그 여자애 생김새와 키가 북한에 있는 제 여동생과 굉장히 닮았어요.

전 : 아, 여동생이랑?

성 : 네.

전 : 그러니까 은영이 동생? 친동생?

성 : 친동생은 여기 엄마가 낳은 동생밖에 없고, 거기 있는 애는 피가 이어진 건 아니고 그냥 같이 살게 된 양어머니의 딸이에요. 저희가 항상 같이 놀고 많이 싸우기도 하다 보니 정이 많이 들어서, 그 애를 보는데 여동생 생각이 많이 나더라고요.

성 : 생긴 게 되게 진짜 비슷했어요. 그래서 되게 뭔가 그리운 감정들도 와플이

랑 함께 넘겨 보내면서…되게…

전 : 가슴이 아프다. 그치?

성 : 어쩔 수 없어요. 맛있는 걸 먹을 때도, 좋은 데 가도 뭔가 생각이 나요. 그리고 생김새가 비슷한 사람이나 행동이 비슷한 사람을 봐도 생각이 나더라고요.

전 : 응.

성 : 어쩔 수 없는 것 같아요.

전 : 응. 참, 이렇게 대한민국만 나뉘어 가지고. 참 안 좋아.

성 : 그래도 남들과 다르게 성격상 다른 사람과 함께 있으면 눈치도 보게 되더라고요. 그 사람의 표정이 안 좋으면 '왜 안 좋지? 나랑 있는 시간이 별로인가?' 하면서 막 땅굴 속으로 파고 들어가고… 또 혼자 있는 시간이 저한테는 외롭지만, 집에서 혼자 있으면 정말 외로워요. 공기도 차갑고, 물건들도 그대로 있고, 움직이는 사람도 없고, 온기도 없고. 카페에 혼자 있으면 오고 가는 사람들이 다 있으니까. 그 사람들이 누군지 모르지만, 그 사람들의 온기는 느껴져요. 근데 제가 혼자 먹으니까 눈치 볼 필요도 없고요.

전 : 그렇지, 그렇지. (웃음)

성 : 정말 행복한 시간이죠. 저는 혼자서 잘 먹으러 가고, 놀러도 혼자 잘 가요.

전 : 그러니까 어떻게 보면 네 성향일 수도 있고, 뭔가 너만의 선택인 거기도 하고. 꼭 누구랑 같이 다녀야 하는 건 아니고. 그렇게 떠오르는 동생을 직접 볼 수 있으면 좋겠지만, 마음대로 안 되니까 내 마음이 좀 그렇다. 그래서, 이 와플 속에는 뭐 들어 있어? (웃음)

성 : 이 속에는 딸기와 크림이 다 있어요. (웃음)

전 : 어. 두 가지나 들어있구나. (웃음)

성 : 저는 크림을 딱히 좋아하지 않아서 조금만 넣었어요. 느끼하거나 단 건 별로 안 좋아하고요. 요즘 딸기가 먹고 싶어서 사 먹으려고 했는데, 요즘은

딸기를 안 판다고 하더라고요. 그래서 와플 속에 있는 걸 먹었어요.

전 : 그랬구나. 다 먹으니까 어때? 달달한 거 먹으니까… (웃음)

성 : 다 먹으니까 배불러서 '조금만 먹을 걸 그랬나?' 했어요.

전 : (웃음)

성 : 화장실 들어갈 때와 나올 때 마음이 다르다더니, 음식 앞에 놓고 배고플 땐 '너무 맛있겠다. 살겠다' 하다가, 이제 배부르니까 '너무 많이 먹어서 움직이기도 불편하고, 잠만 오고 괜히 먹었네.' 역시 인간은… (웃음)

전 : 그래, 화장실 갈 때와 나올 때 다르다고 하잖아. 고향에서 드라마로만 보던 그런 것들이 참 동경스러웠다고 해야 할까?

성 : 네, 그렇죠.

전 : 저런 게 있네. 이런 생각을 했던 적이 있었는데, 불과 얼마 전까지만 해도.

성 : 되게 꿈을 꿨었는데… 그 꿈을 꿀 때는 신비롭고 몽환적이며 벅차오르는 감정이었거든요. 그런데 그 꿈에 다다르니까 딱히 몽환적이지도 않고 신비롭지도 않고 그냥 그랬어요. 특별한 점은 '옛날에 내가 열망하고 갈구하던 걸 지금 하고 있다'라는 마음이었고, 나머지는 그냥 일상적인 느낌이라서 마음이 참 씁쓸하다고 해야 하나…?

전 : 음…

성 : 꿈은 '꿈을 꿀 때가 제일 행복하다'라는 생각이 들었어요.

전 : 그래. 여행도 가기 전에 '거기 어떨까?' 하고 기대할 때랑 막상 가면 그냥 그렇잖아, 대부분. (웃음)

성 : 맞아요. 음식 맛도 별로고, 봤던 거랑 풍경도 다르고. (웃음)

전 : 이거 비슷한 음식 있니? 고향에? 이거 비슷한 거…?

성 : 비슷하다고 하면 과줄 같은 게 있지 않을까요?

전 : 과줄이 어떤 거지? 여기서 설 때 많이 먹는 한과랑 비슷한 건가? 정확히

어떻게 되는 거지?

성 : 정확히 말하자면, 그걸 가루로 반죽해서 얇게 민 다음에 기름에 튀긴 거예요.

전 : 아, 그렇구나.

성 : 이거 저희 전통 음식일 텐데요.

전 : 여기서는 못 먹어본 것 같아. 아니, 그 단어를 안 쓰는 것 같아.

성 : 여기서도 하지 않나요? 저희는 집에서 한 번 만들어 먹었던 적이 있는 것 같아요.

전 : 글쎄. 난 안 만들어봤어. 속에는 어떤 게 들어갔어?

성 : 속에는 특별히 넣는 게 없고, 진짜 얇게 밀어서 기름에 튀긴 다음, 그 위에 물엿을 고루 바르고… 옥수수 국수를 눌러서 말린 걸 기름에 튀겨요. 거기에 물감도 입히고, 물엿 위에 코팅처럼 올려서 시간이 지나면 물엿이 굳어서 바삭바삭하고 달면서 정말 독특한 맛이 나요. 진짜 맛있어요. 물엿이라 건강에 나쁜 것도 아니고…

전 : 그치? 설탕이 아니니까.

성 : 맞아요. 되게 알록달록하고 예쁘고 맛있어요.

전 : 근데 이렇게 만드는 건 좀 번거롭겠네?

성 : 많이 번거롭죠. 솔직히 제가 북한에서 먹은 음식들은 대부분 만드는 데 굉장히 품이 많이 들어요.

전 : 그치? 순대도 많이 만들어 드시던데? 난 못 만들어봤지.

성 : 네, 순대도 만들고 다 만들어 먹어요. 다들 자력갱생, 알아서 살아요. (웃음)

전 : 진짜 못 하는 게 없어. (웃음)

성 : 맞아요.

전 : 이 와플… 이 사진을 보니까 은영아, '은영이에게 혼자만의 시간이 정말

중요하구나'라는 생각도 들고, 또 한편으로는 '자유에 대한 욕구? 타인의 시선을 의식하지 않고 보내는 시간이 은영이에게 필요하구나'라는 생각도 들어. 네가 그리워하는 동생이나 사람을 관찰하는 걸 보면, 너 자체가 '관찰하고 호기심을 갖는 걸 좋아하는구나'라는 생각도 들거든.

성 : 맞아요. 사실 동생보다는 아버지 생각을 많이 하긴 하는데…

전 : 그렇구나.

성 : 와플 먹으러 오는 분 중에 아버지 또래 남자분은 많이 없어요.

전 : 그렇구나. 이런 데 남자 혼자보다는 상대적으로 여자분들이 더 잘 오잖아?!

성 : 예. 저희 나이대 커플들이나 학생들이 많이 오더라고요.

전 : 맛있는 거 먹으면 아버지 생각나고 그러잖아. 거기 친한 동생이나 친구들 생각도 나고…? 이 사진은 뭐야? 벽이네?

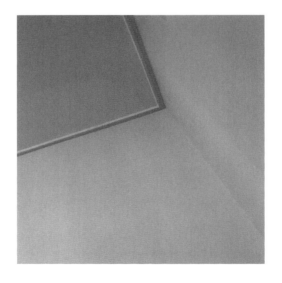

성 : 네, 벽이에요. 제 방구석인데, 저는 이런 구석을 좋아해요. 왜냐하면 여기 앉아 있으면 안쪽에 들어가 앉아 있는 느낌이거든요. 그러면 앞만 볼 수 있어서 불안하지 않아요. 방 한가운데에 있으면 뒤, 옆, 앞에 누군가가 있어서 불안하거든요. 그래서 저는 이렇게 막힌 공간이 더 편해요.

전 : 주로 방에 혼자 있을 때 구석에 가서 앉는 편이야?

성 : 방에 혼자 있을 때 문을 닫으면 아무 데나 앉기도 하는데, 문을 열면 불안해서… 문 주변이나 문이 잘 보이지 않는 곳에 앉는 편이에요.

전 : 와, 그런데 벽쪽을 이렇게 찍어 놓으니까 나름 예술 작품이 됐네.

성 : 예술은 제가 생각하기에 작품 자체가 아니라 그 안에 담긴 의미가 예술 작품이 아닐까 싶어요.

전 : 너의 해석이 정말 좋다. 어쨌든, 이 사진이 욕구라는 단어와 어떤 연관성이 있을까?

성 : 안전하고 싶은 욕구요.

전 : 아, 그렇구나.

성 : 다른 곳에 있으면 불안하지만, 구석에 있으면 안정감을 느껴요. 앞만 보면 되니까, 앞은 보통 자기가 볼 수 있어서 뭔가가 오면 방어할 수 있는데, 옆이나 뒤는 볼 수 없어서 방어할 가능성이 낮아지거든요. 그래서 구석은 안전함을 많이 느끼는 공간이에요.

전 : 그러니까 은영이한테 안전하다는 게 굉장히 중요하구나. 그치? 그러면 지금 여기서 0에서 10점이라고 했을 때, 전체적으로 몇 점 정도 안정감을 느끼면서 일상생활을 하고 있어? 대체로 전반적으로…

성 : 육체적으로는 한 8점 정도 안전하다고 느껴요. 요즘 뉴스 보면 위험한 일이 많으니까…

전 : 그래.

성 : 정신적인 건? 주변에서 나쁜 일이 벌어질 수 있다는 불안감을 빼고는 정신

적 안정감은 한 4에서 6점 정도 되는 것 같아요. 보통은 5점인데, 어떤 날은 4점, 어떤 날은 6점이기도 해요.

전 : 어…

성 : 뭔가 되게…

전 : 불안해?

성 : 네.

전 : 요즘 뉴스가 흉흉해서 그런 걸까?

성 : (그런 뉴스) 없더라도 불안을 느낄 것 같아요.

전 : 음… 뭐 때문일까? 이렇게 언론의 자유가 있고 이동의 자유가 있는 대한민국에 왔는데, 집안에서 누가 너를 해치는 것도 아닐 텐데.

성 : 누군가가 저를 해칠 것 같다는 느낌보다… 제가 하고 싶은 것, 제 생각이나 이런 것들이 많이 억눌려서 못 하게 될까 봐 불안해요.

전 : 그러니까 그게 공부 때문일까, 엄마나 가족관계 때문? 사회 구조 때문? 아니면 지금 고등학생이라는 신분 때문일까? 뭐 때문일까? 고향에 있을 때도 그렇게 불안했을까?

성 : 거기 있을 때요?

전 : 응, 대체로…

성 : 그렇죠. 저는 항상 불안해하는 것 같아요.

전 : 음…

성 : 왜냐하면 제가 자라온 환경이 늘 눈치를 보며 살아야 하는 환경이었거든요. 지금도 제 마음대로 뭔가를 한다기보다는 의무적으로 해야 해서 하는 느낌이에요. 그래서 항상 불안해요.

전 : 그치. 뭔가 복합적인 요소가 있겠네. 뉴스 얘기도 있고, 어렸을 때부터 의무적으로 해온 환경, 지금 미성년자이고 엄마 아래에 있는 환경이 직접적

으로 간접적으로 작용하겠지. 이 사진을 찍으면서 무슨 생각 했어?

성 : 천장을 찍으면서요? 나는 분명히 자유로운 걸 원하지만, 왜 이렇게 꽉 막힌 곳을 좋아하는 걸까? '막힌 곳에서 자유로움을 느끼는 이상한 사람인가?' 이런 생각을 했어요. 약간 상반된 감정이 섞여 있는 것 같아요. 자유를 원한다고 하면서도, 뭔가 구석에 갇힌 느낌이 드는 것 같아요. 꽉 닫힌 공간에 있으면, 거기서부터 자유와 안정감, 행복을 느끼게 되는데, 이게 정말 어울리지 않는 것 같아요. 그런 환경에서 자라면서 엄마와의 관계도 영향을 미치는 것 같아요. 어머니가 가끔 문을 열고 들어오시기도 하니까요. 깨끗한 오피스텔에서 혼자 공부하고 음악 듣다가, 중간에 대자로 누우면 편안하게 있을 수 있을 것 같은데… (웃음) 실제로 가봐야 알겠죠. 혼자 집에 있으면 외로움을 느껴요.

전 : 어머니가 일 끝나고 오셔도 외로움이 사라지지 않아?

성 : 그렇죠. 어머니가 오셔도 혼자 있고 싶다는 생각이 드는 경우가 많아요.

전 : 외로울 때는 어떻게 시간을 보내는 편이야?

성 : 어릴 때부터 외로움을 느끼면 그림책을 읽었어요. 처음에는 그림책에서 소설로 넘어갔고, 추리 소설이나 탐정 소설을 주로 읽었죠. 이야기를 통해 제가 그 인물과 연결된다고 느끼면서, 그것이 친구이자 도피처가 되기도 했어요. 현실에서 힘들 때 회피할 수 있는 공간이었죠. 하지만 가끔은 그 책이 아무것도 아닌 것처럼 느껴지기도 해요.

전 : 책의 스토리가 친구가 되어주는구나.

성 : 네. 그런데 책을 덮는 순간, 다시 현실의 외로움이 다가와요. '여기가 내 현실인데…' 하면서 도피하는 저 자신에 대한 환멸을 느끼게 되죠.

전 : 그러면 그다음에는 어떻게 하는 편이야?

성 : 그다음엔 그냥 '그게 나야.'라고 생각하기도 하고, '이럴 바엔 왜 살지?'라는 의문이 들기도 해요. 최악의 상황을 상상하면서, 그래도 사는 게 낫다는 결론에 도달하곤 해요. 그래서 지금은 그냥 살아보자고 결심해요.

전 : 엄마와 대화가 없어서 외로움을 느끼는 걸까?

성 : 맞아요. 엄마와의 대화가 부족해서 외로움이 더해지는 것 같아요. 저는 애정 결핍이 있는 것 같아요.

전 : 음, 왜 그렇게 생각해?

성 : 누군가와 함께 있으면 그 사람이 저에게 관심을 주길 바라거든요. 그래서 그 사람에게 맞춰 행동하게 되곤 해요.

전 : 아, 왜 그렇게 다른 사람이 중요할까?

성 : 그 사람이 저를 칭찬해 주면 따뜻함을 느끼니까요. 그런데 이상하게도, 친하지 않은 사람이 저에게 나쁜 말을 해도 크게 신경 쓰지 않는데, 중요한 사람의 한마디에는 상처받곤 해요.

전 : 은영이가 이상하다고 해도, 선생님은 왜 이렇게 정상적으로 보일까?

성 : 그럴까요? 막 미친 듯이 몰두할 만큼 좋아하는 것도 없고, 엄청나게 싫어하는 것도 없어요. 그냥 '얘도 괜찮고, 얘도 괜찮고, 쟤도 괜찮아.' 이렇게요. 약간 물에 비유하면 미지근한 물 같아서, 어떤 때는 "그래~! 이게 좋은 거야~. 찬물도 있고 더운물도 있으니까 좋은 거야."라고 하다가도, "찬물도 아니고 더운물도 아니고, 이것도 안 하고 저것도 안 하고 그냥 조금씩만 하는데, 뭘 해 먹고 살아야 해?"라고 고민해요. 기분이 피아노처럼 올라갔다 내려갔다 하면서 정말 난리가 나요.

전 : 그치? 아주 난리가 나지. 그거 왜 그러는지 알아?

성 : 제가 생각하기에는, 살고 싶으니까 그런 것 같아요. 내가 살아갈 이유를 찾는 것 같아요.

전 : 그리고 또 다른 이유가 있어.

성 : 다른 이유요?

전 : 책에서 읽었는데, 10대 후반에는 뇌가 리모델링된다고 하더라고. 그래서 같은 슬픈 이야기를 봐도 40대와 10대가 느끼는 슬픔의 크기가 다르대.

10대는 그런 특징이 있다고 하더라. 나도 그랬던 것 같아. 인형이나 강아지 인형 갖고 놀다가 갑자기 차가 지나가면 던져버리고 신나게 웃곤 했거든. 그래서 그런 영향이 있을 것 같아.

성 : 아, 그런 이유도 있는지 몰랐어요.

전 : 그러니까, 너무 정상이 아니라고 생각하지는 않았으면 해. 오, 이건 뭐야?

성 : 그냥 제 문이에요. 문인데 패딩을 걸어놓은 것뿐이에요.

전 : 깨끗하게 걸어두었네?

성 : 세탁해서 가져온 거예요.

전 : 집이 깨끗하네, 은영이 집이…(웃음)

성 : 아니에요. 깨끗한 면만 찍었을 뿐이에요. (웃음)

전 : 이 사진은 어떤 의미야?

성 : 문이 닫혀 있을 때 편안함을 느껴요. 내 공간 같은 느낌이죠.

전 : 아~ 그래.

성 : 편안하고 자유롭고, 안정감과 행복감을 느끼고, 충만한 거죠.

전 : 그러니까 너는 지금 너만의 시간이 굉장히 중요하구나. 안전한 공간이 필요하겠네. 방해받지 않는 공간이 필요하구나, 그치? 우리가 그때 갔던 카페 지하 공간 같은 곳 있잖아. 안전한 공간이 필요해. 네게 작업실 하나 있으면 좋겠네.

성 : 맞아요. 그래서 항상 계획도 세우고, '그 돈은 다 뭐로 벌 건데?' 하면서 고민해요.

전 : 돈 생각하면 머리가 아프기도 하지, 그치?

성 : 머리가 아프면 뭐 해요? 행동을 안 하는데…(웃음)

전 : 행동? 아니, 그래도 인터뷰한다니까 사진 이렇게 찍었네?! (웃음)

성 : 네. 사실 더 찍고 싶었는데, 더 찍을 게 없더라고요.

전 : 그래. 그럼, 지금 주변을 둘러보면서 네 욕구와 관련된 사진 몇 장 더 찍어 볼까?

성 : 저는 그림 같은 걸 좋아해요.

전 : 그림도 좋고, 물건도 좋고, 뭐든지 다 괜찮아. 꼭 어려운 의미를 담지 않아도 돼.

성 : 저는 그림을 좋아하는 것 같아요. 그림도 좋아하고…여기요.

전 : 와~ 이거 은영이가 그린 거야?

성 : 아니요. 제가 그린 건 아니고, 그렇게까지 실력이 안 돼서…

전 : 뭐야? 이건.

성 : 이건 일러스트라고 해야 하나…?

전 : 와!

성 : 일러스트 작가님의 작품인데, 작가님이 판매하시거든요. 그때 산 거예요.

전 : 이 사진은?

성 : 이거는 제가 그린 거예요. 가운데 액자에 있는 노란 꽃은 제가 그렸고, 나머지는 샀어요.

전 : 와, 이건 어떤 의미야? 그림이 담고 있는 의미가 있을까?

성 : 저한테요? 욕구 같은 거라고 해야 하나?

전 : 그 작가는 왜 좋아? 어떤 점이 좋다고 생각해?

성 : 작가님보다는 작가님의 작품이 좋아서…

전 : 그러니까 이런 스타일이 좋은 이유가 뭘까?

성 : 좋아하는 이유요? 사실 제가 사고 싶었던 작품은 다른 작품인데, 이 작가님의 작품이 예뻐서 좋아요. 색감이 편안하게 느껴져요.

전 : 응. 그렇다. 톤이…

성 : 네. 톤이 약간 무거운 톤이라고 해야 하나?

전 : 야광 같은 쨍한 색감이 아니고.

성 : 네… 평안함을 주고, 이 작품이 사람의 미적 기준에 잘 부합해서 아름답다고 느껴요. 책에서 본 건데, 사람은 아름다운 걸 볼 때 만족감과 행복감이 차오른다고 하더라고요.

전 : 진짜?

성 : 그래서 이런 걸 보면 편안하고 기분이 좋고, 그렇게 되니까 모든 일을 긍정적으로 받아들이게 돼요.

전 : 근데 여기 머리도 너무 예쁘고, 옷소매도 그렇고… 은영이 얘기를 듣고 보니까 색감이 편안한 느낌이네?

성 : 반짝거리거나 화려하지 않고, 전체적으로 45가지 색만 사용해서 안정감이 있어요.

전 : 그렇구나.

성 : 거울에 비친 하트 색감이랑 리본 색깔이 비슷해서 안정감을 느껴요. 같은

색이 두 개 이상이면 안정감을 느낀다고 들었어요.

전 : 와, 미술 평론가의 얘기를 듣는 느낌이다. (웃음) 가운데 그림은 네가 언제 그린 거야?

성 : 꽃, 제가 그렸어요. 미술학원 다닐 때 그린 건데…

전 : 잘 그렸다.

성 : 원래 꽃대를 그리려고 했는데 시간이 짧아서… 어버이날에 엄마한테 드리려고 그린 거예요.

전 : 글씨도 멋있어. 네가 쓴 거야?

성 : 네.

전 : 글씨가 약간 장인들이 쓰는 느낌이 나.

성 : 감사합니다. 맨날 엄마한테 글씨 못 쓴다고 구박받아서…(웃음)

전 : 아니, 되게 멋있어. 카네이션인가?

성 : 제가 수채화로 꽃을 그리고, 배경은 초록색과 노란색의 그라데이션으로 해서 몽글몽글한 느낌이에요.

전 : 그러네. 여기는 노란색이 다 다르다. 너무 예뻐. 이건 도안이 있었어? 아니면 은영이가 창의적으로 한 거야?

성 : 도안이 있었던 것 같아요. 뭔가 사진을 보고 그린 거거든요.

전 : 이거 그리면서 무슨 생각 했을까?

성 : 그리면서요? 어렵고 힘들다고 느꼈어요. 볼 때는 좋았는데 그리니까 힘드네요. 그런데 그리면서 보니까 만족감이 드네요. '내가 이런 걸 그렸구나…'

전 : 이야~~ 완성하고 나니까.

성 : 보면서, 그리고 그 하얀 백지에 뭔가를 채워 나가면서, 붓 터치 하나하나가 모여 꽃잎 한 장이 되는 과정이 정말 매력적이라고 해야 할까요?

전 : 진짜 이걸 하나하나 했을 거 아니야, 그치?

성 : 맞아요. 티끌 모아 태산이라고⋯ 하나하나 하면서 뭔가를 만들어가는 게 정말 매력적이에요. 제가 부품 조립 같은 걸 좋아하거든요. 아버지가 전자 제품 수리도 하시고, 목수처럼 집 안의 문짝도 나무를 깎아 만드시고, 시멘트로 벽을 수리하는 걸 보면서 조립할 때의 쾌감을 느끼는 것 같아요.

이거랑 이거는 따로 있을 때는 아무 의미가 없는, 그냥 쓰레기예요. 솔직히 어디에 두어도 쓸모가 없는 것들이지만, 이걸 합치니까⋯ "여러 개였던 게 하나가 됐는데, 굉장히 의미 있고 특별한 게 됐다." 이런 느낌이 드는 것 같아요. 그런 게 정말 행복감을 주는 것 같아요.

전 : 와, 그렇구나.

성 : 사실 그냥 선생님이 "여기 보고 그려라." 하셔서 꽃이 하나였고, 나비는 제가 생각해서 그린 것 같아요. 나비는 "나비도 뭔가 하나 있으면 좋지 않겠어요?" 해서 그린 건데, 원래 꽃잎 위에 놓으려고 했어요⋯

전 : 응, 그랬구나.

성 : 자리가 모자라서 꽃대에 그렸거든요.

전 : 응, 응.

성 : 그런데 저는 항상 뭔가를 할 때는 의미가 없는데, 다 하면 거기에 의미가 만들어지는 것 같아요. 의미를 넣는 편이에요.

전 : 어떤 의미⋯?

성 : 처음에는 꽃 하나만 있으니까 약간 외로워 보여서 나비도 넣은 거였거든요?

전 : 그렇다. 이 꽃만 있는 거랑 느낌이 다르네.

성 : 예. 그런데 나비를 꽃잎에 넣으려다가 자리가 없어서 꽃대에 넣었는데, 그렇게 생각해 보니까 나비가 꽃잎에 가고 싶어 해서 날개가 있지만, 날아서 가는 것보다 걸어서 꽃잎에 가고 싶어서 꽃대에 앉아 있는 나비로 생각하기로 했어요. 그렇게 의미를 부여하면 저도 '노력해야지.' 하는 생각도 들

고… 의미 부여하는 걸 좋아해요.

전 : 꽃잎에 가는… 뭔가 얘가 여기 가고 싶네, 주황색 꽃잎에. 그럼, 은영이한
　　테 꽃잎은 뭘까?

성 : 저한테요?

성 : 저한테는 꽃잎이 그냥… 평범한 일상이자 평범함인 것 같아요. 어려서부터
　　저는 그걸 갖고 싶었거든요. 아빠도 있고, 엄마도 있고, 할머니도 있고, 할
　　아버지도 있고, 나도 있고, 그냥 다른 사람들처럼 평범하게 사는 가족. 굶
　　어도 좋고 옷을 못 입어도 좋지만, 그렇게 다 있고 싶었어요. 자라면서 알
　　게 됐어요. ‘나는 그걸 가질 수 없구나.’ 그래서 ‘이게 평범한 거구나.’ 생각
　　하기로 했어요. 엄마도 재혼했고, 아빠도 재혼하셔서 가정이 있으니까, 저
　　는 영원히 엄마와 아빠가 함께 있는 날이 오지 않겠구나 싶어서, 그리워하
　　기보다는 내 곁에 있는 걸 사랑하기로 했어요. 어차피 없고 영원히 오지 않
　　을 그리움을 가져봐야 나만 힘들고 갈증이 나거든요.

전 : 그렇지.

성 : 옆에 있는 걸 사랑하기로 했어요.

전 : 그림이 주는 의미가 그렇지… 의미를 붙이기 나름이긴 한데… 이 글씨는
　　뭐… 이건 같은 작가의 작품 같은데?

성 : 이건 다른 작가님 작품이에요. 사진들이 다 작가님이 좀 달라요.

전 : 아~

성 : 제가 이번에 서울에 가서 작가님 전시회 할 때 사 온 그림인데, 정말 마음
　　에 들었어요.

전 : 이거 느낌이 특이하다.

성 : 이 사람의 표정이 어떤 것 같으세요?

전 : 나는 지금 표정을 보고 있었는데, 정말 슬퍼 보이고… 마치 사연이 있는
　　여자 같아. 그리고 실연당한 지 얼마 안 된 사람 같기도 하고… 정말 슬퍼
　　보여. 눈물이 차 있는 것 같아.

성 : 저는 이 그림을 봤을 때 작가님 전시회에서 "작가님, 저는 이 그림이 제일
　　마음에 들어요."라고 했어요. 표정이 울고 있는 것 같고, 입술 모양이 너무
　　나 울고 싶지만 입을 다물고 울음을 참고 있는 느낌이어서 너무 마음에 든
　　다고 했거든요. 작가님이 "어떻게 아셨어요? 맞아요."라고 하셨어요. 울고
　　싶은데 참는 그런 느낌으로 그린 거라고 하시더라고요.

전 : 진짜 눈물이 떨어지진 않잖아. 그치?

성 : 네, 동병상련이라고 해야 하나… 그런 느낌이 들어서 샀어요.

전 : 그리고 코도 빨갛고… 그치?

성 : 맞아요. 제가 어디서 들었던 건데, 사람이 인물 사진이나 그림을 볼 때 가

장 눈에 가는 부위가 눈이라네요. 그래서 사람들은 그림 속 인물과 눈을 맞추고 싶어 한대요. 그래서 그림 작가님들이 항상 그림에 가장 많은 정성을 쏟는 부분이 눈이라고 해요. 눈이 가장 화려하거나 슬프고 임팩트가 있죠. 이 그림에서 나오는 꽃을 의인화한 거라고 해야 하나? '이 꽃이 사람이면 이런 형태일 것이다.'를 생각해서 작가님이 상상해서 그린 작품이에요. 제가 이 꽃을 북한에 있을 때 꽃바구니처럼 만들어서 동상에 꽂아야 해서 꽃을 많이 사고 꽂고 그랬어요.

성 : 근데 제가 거기 있을 때 그림을 그렸었는데, 주변에서 정말 많이 칭찬해 주셨어요. 제가 그린 닭이 교과서에 나온 닭과 너무 똑같고, 제가 그린 닭이 실제처럼 보인다고 하더라고요. 크레파스로 그린 건데, 선생님도 엄청 칭찬하시고 부모님도 그랬어요. 부모님이 낮잠 주무실 때 그린 건데, "네가 그린 거 맞냐?"라고 여러 번 물어보셨고요. 제가 그림을 그릴 때의 생각은 아무 생각 없이 그저 '나는 이 그림 속에 닭을 그린다. 어떻게 하면 똑같이 그릴 수 있을까?' 이런 생각을 하면서 그린 거였어요. 그때 느낀 감정은 그 이후로도 똑같이 느껴본 적이 없어요. 비슷하게 느낀 적은 많지만…

전 : 그 기분이 뭔데?

성 : 정말 아무 생각 없이 눈앞의 행위에만 몰두하는 거예요. 그 행위에만 집중하고 다른 생각은 전혀 하지 않는 상태죠. 그렇게 미쳐서 뭔가를 해본 적이 그때 이후로 없는 것 같아요.

전 : 그건 왜 그럴까?

성 : 잘 모르겠어요. 이제는 한 가지에만 집중하고 아무 생각도 안 하는 게 거의 불가능해요.

전 : 그 말이 슬프다. 어떻게 보면…

성 : 네.

전 : 아무 생각 없이 몰두하는 즐거움이 있잖아, 그치?

성 : 맞아요. 그런데 그걸 다시 느낄 수가 없어요. 이 작품을 봤을 때 정말 빨려

들어가는 느낌이었어요. 제가 그림을 그릴 때 느꼈던 감정과 아주 가까운 느낌을 받았거든요.

전 : 응.

성 : 이 작품에만 진짜 몰두하고 집중하는 느낌을 받았어요. 그리고 다 본 후에는 제 어린 시절이 생각났고, 울고 싶었지만 울 수 없는, 그런 감정이 겹치면서 정말… 추억이라고 해야 할까요…

전 : 응…

성 : 희미해진 기억을 깨우는 기분이었어요. 그래서 정말 의미가 있었던 것 같아요.

전 : 그림이 주는 힘이 진짜 있구나.

성 : 솔직히 그림은 보는 사람마다 느끼는 게 다르니까, 내가 어떤 의미를 부여하느냐에 따라 달라요. 살아온 삶의 궤적이나 쌓인 경험이 그림을 볼 때 투영되는 것 같아요. 그래서 저는 그림을 좋아해요.

전 : 응. 은영이는 지금 이 여자의 얼굴을 봤을 때도, 처음 전시회 갔을 때와 비슷한 느낌이 들어?

성 : 네. 저는… 작가님은 '실연당했다'라고 느끼셨잖아요? 저는 엄마가 떠날 때나 제가 떠날 때의 감정이 가장 비슷했어요. 사랑받고 싶은데 "너는 이제 그런 나이가 아니잖아…"라고 차별받을 때, 그때의 저와 같다고 해야 할까요? 원하는 게 있고 하고 싶지만, 그걸 참아야 했던 느낌이었어요.

전 : 음…

성 : 갈구하는 뭔가가 있지만, 내가 원해서 한 양보가 아니라 타인에 의해 억지로 양보하는 그런 슬픔이었어요.

전 : 그래서 이 여자는 앞으로 어떻게 될 것 같아? 살아 움직인다면…?

성 : 살아 움직인다면, 아마 그 양보했던 것들을 잊지 않을 것 같아요. 그리고 그걸 쟁취하기 위해 뭔가를 하거나, 아니면 다른 걸 찾을 것 같아요.

전 : 가만히 있지 않네?

성 : 가만히 있으면 또 뺏길까 봐 불안할 것 같아요. 그러니까 뭔가를 하겠죠. 아니면 가만히 있는 주변의 것들에…

성 : 사랑을 쏟아부어서 뺏기지 않을 뭔가를 만들던가…

성 : 아니면 또 뺏길까 봐 아무것도 좋아하지 않을 수도 있어요.

전 : 이게 되게… 그림이 주는 또 다른 느낌이 있죠? 글로는 표현할 수 없는… 그렇죠? 전시회에 온 것 같기도 하고, 은영이 얘기를 듣고 있자니 여러 생각이 드네.

전 : 그래. 그럼, 그림 하나 그려볼까?

성 : 아이패드가 있어요. 그림 그리려고…

전 : 아이패드로 그림을 그릴 수 있어? 그래, 좋아. 그럼, 은영이 지금의 마음 상태를 그려줄 수 있어?

성 : 제 마음 상태요?

전 : 응. 지금 이야기하면서 여러 가지 생각이 떠오르잖아? 좋고 싫은 과거의 기억들도 포함해서 무엇이든 가능해. 그냥 어떤 도형으로 상징적으로 그려줘도 돼.

성 : 솔직히 제 마음을 그리면 되게 간단할 것 같긴 한데… 꺼낼 수 있을 만큼 간단해요.

전 : 그렇군.

성 : 네.

성 : 잠시만요. 이 사진 먼저 소개할게요.

전 : 이건 뭐야?

전 : 아침에 저런 걸 사서 조립한 거야?

성 : 몰라요. 원래 있던 것 같아요.

전 : 정말 잘했네. 이걸 고른 이유가 있을까?

성 : 제가 사진 찍은 이유요? 네, 있어요.

전 : 어떤 의미일까?

성 : 결핍이죠.

전 : 결핍? 어떤…?

성 : 제가 알기로 북한에 있는 대부분의 사람들은 집이 있거든요. 물론 없는 사
람들도 있어요.

전 : 나라에서 주는 거잖아.

성 : 나라에서 주지는 않지 않나요? 너무 어렸을 때라 잘 몰라요. 그냥 부모님
이 갖고 계시던 집이에요. 거긴 집값이 그렇게 비싸고, 땅집들은 원래 사려
면 더 모아서 살 수 있어요. 그렇다고 엄청 싸진 않아요. 그것도 비싼 편이
에요.

전 : 응.

성 : 많이 비싸죠. 그런데 다들 여기처럼 집을 사거나 집을 사기 위해 돈을 벌고

그런 사람들도 있지만, 여기처럼 엄청나게 그러진 않아요. 저희는 집이 있었는데, 아버지랑 새엄마가 재혼하면서 우리 집은 팔고 새엄마 집으로 갔거든요. 저는 그게 너무 싫었어요.

성 : 그 집은 제가 태어나고 자란 집인데… 그 집을 싼값에 팔고 새엄마 집으로 가니까, 그 새엄마 집은 새엄마 아들 명의라고 하더라고요. 새엄마 아들한 테 줄 거라 해서 너무 싫었어요. 너무 싫었고, 항상 싸우면 새엄마가 나가라고 하면서 "여기 내 집이니까 너희 나가."라고 하면 나오거든요. 저희 아버지랑 제가. 그러면 정말 짜증이 났어요.

전 : 그럼 둘이 나와서 어디 갔었어?

성 : 나왔다가 다시 들어가긴 하는데, 친척 집에 가 있거나 그런 경우도 있어요. 저는 새엄마가 나가라고 하면, 우리 집 팔고 여기 온 건데 안 나갈 거라고 하는데, 그래도 그 말 듣는 게 정말 싫었어요. 마음도 아프고 자존심도 상하고, 내가 왜 이런 데 와서 이런 걸 해야 하나 싶고, 가족 같은 거 너무 싫다, 이런 생각도 했고… 이렇게 싸우고 이럴 거면 왜 같이 사나 싶기도 했고…

전 : 근데 아버지는 그걸 왜 파신 거야?

성 : 저희가 돈이 없으니까 판 거예요.

전 : 응, 그랬구나.

성 : 그렇죠. 진짜 그 집 없는 설움이라 그러잖아요. 그런 게 정말 많았죠. 집은 저한테 결핍된 것 같은 거… 있었지만 없었던 것.

전 : 응… 그러니까 은영이가 너무 어릴 때 여러 현실적인 상황을 봐서, 어떻게 보면 좀 더 어른스러워졌을 수도 있겠네, 그렇지?

성 : 네. 그래서 어른스러워진 거예요.

전 : 나이에 맞게 까불고 해야 했는데… 이 집이 참… 복잡한 의미가 있네. 돈 많이 벌어서 집을 사야 할까?

성 : 그래야겠죠? 집 한 채는 있어야 대한민국에서 안정되게 살아갈 수 있을 것

같은데, 그 비싼 집을 어떻게 살까 모르겠어요. 그리고 어렸을 때는 인형 종이에 그림을 그려서 그 종이 사람들로 놀았어요. 제가 못했던 것들을 하라고 집도 만들어주고, 차도 만들어주면서 놀았고, 그래서 추억도 있고 결핍도 있고…

전 : 그렇네. 결핍만 있는 건 아니고 혼자서 상상의 나래를 펼쳤구나. 인형도 만들어주고… 이거는 정말 특이하다. 색깔이, 잘 못 보던…

성 : 그거예요. 지구 사진 찍었어요.

전 : 이 지구본은 왜… 어떻게… 또 어떤 의미야? 은영이한테.

성 : 저한테는 꿈이자 희망이기도 하고, 동시에 절망이기도 했어요.

전 : 좀 더 자세히 설명해 줄 수 있을까?

성 : 그 당시 세계적인 뉴스가 나올 때, 정말 세계 여행을 해보고 싶었어요. 하지만 저희는 밖에 나갈 수 없었죠. 그래서 세계 여행을 하고 싶다는 희망에

기뻐하다가, 나갈 수 없다는 사실을 알게 되니 정말 절망스러웠어요. 그때 정말 들떠 있었거든요.

전 : 언제 그랬어? 세계 여행을 못 한다는 건 이미 알았을 텐데?

성 : 어렸을 때 저는 정말 순수하고 거의 백지상태였어요. 누군가가 뭔가를 하면 바로 흡수하고, 그게 좋은 뜻인지 나쁜 뜻인지도 모르고 사용할 정도로요. 그래서 그때는 북한이라는 나라가 지구상에 존재하는 하나의 나라인 줄 알았어요. 정말 어렸을 때였죠.

전 : 몇 살이었어?

성 : 5살 정도였던 것 같아요. 그때 엄마랑 이야기하고 TV를 보면서 다른 사실들을 알게 되었고, 지구와 하늘이 둥글다는 것도 깨달았어요. 그러면서 다른 나라를 가보고 싶다는 생각이 들었죠. 그럼 다른 사람들도 있을 테고, 다른 언어와 문화도 있겠죠. 중국 영화에 나오는 것처럼 희귀한 것들도 많겠죠? 직접 보면 너무 재밌겠다, 생각하며 아버지에게 이야기했는데, 동네에 약삭빠른 친구가 있었어요. "너 바보야? 우린 그런 데 못 가."라고 하더라고요. 그 말을 듣고 정말 절망했어요. 세계 여행을 못 간다는 것도 슬펐고, 그런 나라에서 평생을 살아야 한다는 게 너무 가엾게 느껴졌어요.

전 : 그런 생각을 5살에 했다고? 엄마나 아빠한테 말해본 적 있어?

성 : 아니요.

전 : 혼자서 생각했었구나?

성 : 네. 그 동네에 친구가 저보다 한 살 많았어요. 그 친구는 모든 걸 아는 것처럼 보였고, 제가 물어보면 다 대답해 줬어요. 저희 부모님은 저랑 정치에 대해 잘 이야기하지 않으셨거든요. 그 친구네 집은 그런 정보가 많았죠.

전 : 그렇구나.

성 : 그러다가 지구가 둥글다고 했던가… 우리는 학교에서 그런 걸 잘 배우지 않죠. 고등학교 가면 배우나?… 과학 같은 걸 잘 배우지 않아서 저는 7살에 학교에 갔어요. 원래는 8살에 가야 했는데…

전 : 그런데 은영아, '다른 나라 갈 수 없다'라는 생각이 들었을 때, 그래도 교육 받고 하니까 그 나라가 좋다고 생각했을 거 아니야?

성 : 아니요. 북한이 좋다고요? 좋다고 생각하기도 했지만, 배우는 것과 내 현실이 달랐으니까요.

전 : 아…

성 : 저희는 뭔가를 배우면 그 즉시 그렇게 되는 게 아니라, 애들이랑 이야기하다 보면 이런 생각이 들어요. "그건 평양이나 그렇겠지. 우리가 그럴 거냐고… 여기 교과서에 우리 얘기, 우리 사는 데 얘기 하나도 안 나오는데, 이걸 배워서 뭐 할래? 쓸모도 없잖아. 사용할 데도 없고, 우리 여기 신호등이 있어? 횡단보도가 있어? 뭐가 있어? 차 없으면 건너면 되는데 차도 많지도 않고…"

전 : 그랬구나.

성 : "이 쓸모없는 얘기는 왜 배우는 거지?" 이런 생각들을 어렸을 때 많이 했던 것 같아요. 애들이랑.

전 : 애들이 똑똑한 건가…

성 : 어른들이랑 얘기하면 안 돼요. 얘기하면 혼나니까 애들끼리만 해요.

전 : 그렇지. 배우는 거랑 환경이 다른 걸 알았던 거네.

성 : 네. 그런데 애들이 말하면 저는 그때 잘 몰랐어요. 어렸을 때는 세상에 대해 잘 몰랐던 것 같아요. 이제 말하다 보면 "진짜? 그래?" 하면서 알게 되는 거죠. "야! 너 생각해 봐. 우리 신호등 없잖아~ 그런데 이런 신호등, 신호가 어떤 뜻인지 알아서 뭐 해? 쓸데가 없다니까? 우리 평양에 갈 돈이 있어? 뭐가 있어? 넌 있어? 너희 집에?", "아니, 없는데…", "그래? 그럼 갈 일 없어. 그럼 이런 거 배워둬도 쓸모 있어 없어? 그런 애 없네…", "그래. 교과서 놓고 나가 놀자." 쓸모없다니까, 이렇게…

전 : 아~ (웃음)

성 : 숨바꼭질 막 하고 뛰어놀고…

전 : 음, 지금 이 복잡한 대한민국에 살면서 지구본을 다시 보니까, 어떤 느낌이 들어?

성 : 갈 수는 있는데 여기도… 여기는 뭐, 갈 수는 있어요. 갈 수 있지만… 뭐라고 해야 하지? 그곳에 있을 때는 세상의 좋은 면을 생각하며 행복하게 지내고 싶었는데, 지금은 약간 슬프다고 해야 할까요?

전 : 왜?

성 : 이 하나의 지구본에 쪼개진 많은 나라들이 있고, 그 나라 중에서 서로 마주하고 있지만, 한 나라는 잘 살고 다른 한 나라는 못 살고… 지구 온난화로 인해 온도는 올라가지만, 피해를 보는 것은 못 사는 나라들이고, 잘 사는 나라들은 에어컨도 있고 여름에 에어컨을 틀면 되고… 전기세가 나가면 그만이니까요.

전 : 응.

성 : 이런 게 참… 뭐라고 해야 할지 모르겠지만 씁쓸해요. 저는 이제 여기 와서 살다 보니 이 생활에 익숙해졌고…

전 : 응.

성 : 생활이 익숙해지다 보니 예전의 힘들었던 때를 별로 생각하지 않게 돼요. 왜냐하면 지금 이렇게 사는 데 너무 바쁘니까요.

전 : 그렇지.

성 : 그러다 보니 어떻게 보면 하나의 지구라는 세상에 살면서 이것저것 다 달라져 있고… 너무 슬프다고 해야 할까요? 하지만 어차피 '난 슬프다고 생각하겠지만, 그래도 외국 여행은 갈 거니까…' 이런 생각도 들고, '역시 사람은 이기적이야.'라는 생각도 하게 되고… 서로에게 관심 없는 세상이 슬프기도 하고, 나도 똑같다는 생각에 환멸을 느끼기도 하고… 정말 복잡한 것 같아요.

성 : 그래서 어떤 때는 이런 생각도 해요. '그래, 이렇게 사는 거 그냥 세상 지구 온난화 때문에 인간이 다 멸종해 버려. 망해라, 망해. 다 망해.'

전 : 다 초기화? (웃음)

성 : 세상에서 가장 공평한 것은 하나밖에 없어요.

전 : 뭐?

성 : 죽음이에요. 인간은 태어나면 누구나 다 죽죠. 모든 생명은 태어나면 죽어요. 누군가에 의해 죽든, 사고로 죽든 결국 끝은 다 죽는 거잖아요. 그건 공평한데, 이제는 그것조차 공평하지 않게 되었어요. 의학이 발전하면서 돈 많은 사람만 살 수 있게 되었고, 미친 사람들도 많아져서 누군가를 죽이기도 하니까…

전 : 딱 하나 공평했던 것마저 이제는 공평해지지 않은 거네? 그럼 어떻게 해야 하냐…?

성 : 근데 어떻게 할 수가 없잖아요. 다들 그냥 '그렇구나.' 하고 살고 있으니까…

전 : 응…

성 : 그래서 저는 없는 걸 바라기보다는 현재의 것에 감사하고, 그것을 누리면서 행복하게 살자고 생각해요. 제가 그곳에서 올 때 죽을 뻔한 적이 많잖아요. 예전에는 미래를 꿈꾸며 '지금 힘들지만, 미래에는 행복해질 수 있어.'라고 생각하고 친구들이랑 10살까지는 마음껏 놀았지만… 그 이후부터는 놀고 싶을 때 놀지도 못하고, 학교도 못 가고, 먹고 싶은 것도 못 먹고, 갖고 싶은 것도 못 가지게 되었어요. 항상 '크면 할 수 있어. 돈 좀 더 벌면 할 수 있어.'라고 밀어두었거든요? 그런데 죽을 것 같은 순간이 오니까 그게 아니더라고요.

전 : 음…

성 : 사람은 언제 죽을지 모르더라고요. 나는 그렇게 그때 죽을 수도 있다는 생각을 해본 적이 없어요. 항상 '늙어서 죽겠다.' 이런 생각만 했지. 그때 생각이 난 게 '나는 너무 앞만 보고 가는구나…' 현재는 생각하지 않고… 그래서 이제는 앞만 보고 가기보다는 '꿈은 꾸되 현실에 충실하자. 놀고 싶으

면 놀고, 나에게 솔직해지자. 갖고 싶으면 가지고…'

전 : 음…

성 : 그렇게 살자고 했어요. 왜냐하면, 내가 와서 인형 같은 거 사고 싶었는데 엄마가 "네가 나이가 몇인데 그걸 사?"라고 했거든요. 어렸을 때는 "돈 없는데 그걸 사고 싶니? 커서 사." 크면 "네가 나이가 몇인데 그런 걸 해?"라고 하니까. 솔직히 나는 그 나이에 기준을 정한다는 게 별로예요. '갖고 싶으면 살 수도 있지. 뭐 나이 타령이야…' 그게 일하는 데는 나이가 필요하지만, 갖고 싶을 때는 나이가 무슨 상관이에요? 어른도 만화영화 좋아할 수 있고, 인형 갖고 놀고 싶을 수도 있잖아요.

전 : 응…

성 : 어른이라기보다는 나이만 먹은 성인이지만… 그래서 생각했어요. 내가 커서 자취하면 내 방에 인형을 잔뜩 사다 놓을 거야. 엄마가 못하게 한 거 다 할 거야.

전 : 인형을 못 갖고 있게 했구나. 어머니가.

성 : 쓸데없다고… 엄마들이 항상 쓸데없는 거라고 하잖아요. 제가 생각하기에는 사실 그런 쓸데없는 것들이 사람에게 행복감을 주더라고요. 쓸모 있는 것들은 오히려 나를 피곤하게 해요. 쓸데없는 것들이 나에게 행복감을 주는 것 같아요. 엄마가 말하는 쓸데없는 것들이…

전 : 진짜 인형도 그렇고… 그치?

성 : 인형도 그렇고, 귀여운 거, 이쁜 거, 아름다운 거… 쓸데는 없지만 나는 행복해요. 스팸도 마찬가지예요. 맛은 있지만 몸에 안 좋잖아요. 그런데 그게 나를 행복하게 만들어요. 그렇잖아요? 쓸데없는 거, 몸에 안 좋은 거, 그게 사람을 행복하게 만들어요.

전 : 그렇구나. 진짜 쓸데없어 보이는 게 참… 또 사람을 행복하게 해주고, 그런 게 있지.

성 : 참, 제 기분을 그리라고 했던가요?

전 : 응. 네 마음 상태, 있는 그대로.

성 : 마음 상태…

전 : 마음에 뭐가 있나…? 현미경으로 관찰할 수 있다면 뭐가 있을까? 선생님 마음은 지금 시커먼 것 같고, 아까 은영이 그림 보여줬던 그 일러스트도 보면, 내가 쉬는 시간에 생각해 보니까 네 마음이 반영된 것 같기도 하고… 전부는 아니지만… 그런 생각이 드네. 확 억울해도 말하지 못하고 그런 것도 있잖아. 그치?

성 : 맞아요.

전 : 진짜 대한민국 이 작은 땅에 은영이 말처럼 남북 나뉘어 가지고… 그치?

성 : 어쩔 수 없죠.

전 : 진짜 이런 지구가… 아직도 천문학자들이 별이 몇 개인지 헤아리지 못했으니까… 그렇게 과학이 발전해도, 그치? 이런 질문이 얼마나 많다는 거야, 그치? 그런데 이 지구에만 인간들이 몰려서 산단 말이지. 사실 지구가 공전, 자전한다는 것도 어떤 면에서 신기하고.

성 : 맞아요. 신기한 거 천지…(웃음)

전 : 배터리도 없는데 말이다. (웃음)

성 : 어렸을 때 그런 생각을 했어요. 어른들한테 지구가 돈다는 걸 배웠거든요. "배터리도 없는데 지구 왜 돌아?" 그러면 태양은 타는 불이래요. 그러면 "태양이 다 불타면 우리는 어떻게 돼? 낮도 없을 텐데 밤에만 살아야 해?" 어렸을 때 가능했던 질문인 것 같아요. 근데 지금도 궁금하긴 해요. 태양이 다 타면 어떻게 되나…(웃음) 태양이 다 타면 어떻게 되는지 정말 궁금하잖아요. 다 죽나 싶기도 하고, 태양은 왜 다 타지 않아? 불은 내가 보는 불은 다 타던데…

전 : 그러네. 집 안에 형광등도 나가고 하는데 얘는 나가질 않잖아. (웃음)

성 : 그러니까요. 태양은 왜 계속 타는 걸까?

전 : 그런 거 보면 신이 있는 것 같은데… 신이 없이 저게 가능하지 않을 것 같고… 내 생각이야.

성 : 저게 어떻게 계속될까? 인간은 어떻게 계속 살 수 있는건지.

전 : 그러니까, 태양은 매일 뜨잖아. 어찌 보며 매우 신기한 일이기도 해.

성 : 너무 신기해요.

전 : 운동을 맨날 하는 거 되게 힘들잖아. 태양은 맨날 뜨는 거야.

성 : 그러게요. 저는 그게 제일 신기했어요. 태양이 다 타버리면 인간은 어떻게 될까? 죽는 건가?

전 : 다 타버리면… 수명이 있나? 어디서 본 거 같긴 한데… 수명이 있다고 본 거 같은데…

성 : 맞아요. 근데 태양 수명이 되게 길더라고요.

전 : 중국이 진짜 크긴 하잖아. 표면적이.

성 : 대박이죠. 되게 커. 우리 땅덩어리 이만한데… 몇 배야?

전 : 와~ 대한민국 진짜 조그마하다.

성 : 샘~ 그림 보냈어요.

전 : 우와~ 금방 그렸네? 바탕은 어떻게 한 거야?

성 : 아니요. 갤러리에서 하는 거예요. 제가 다 그린 거예요.

전 : 진짜? 설명 좀 해줄래?

성 : 푸른색 배경은 제가… 하늘은 시작도 끝도 없잖아요. 그래서 '하늘은 하나
다'라는 생각에 '하늘에 있으면 어디든 갈 수 있다'라는 느낌을 담아 자유
로움을 표현했어요. 그리고 여기 파란색 조각들이 있잖아요? 그건 유리
예요.

전 : 유리?

성 : 유리 조각들이 깨진 게 쌓여 있는 걸 표현했어요.

전 : 어떤 의미야?

성 : 제가 멘탈이 좀 약하거든요. 그래서 그런 얇은 유리 조각들이 엄청 쌓여 있
어서… 유리는 날카롭잖아요. 날카롭지만 돌을 던지면 부서져요. 부서져
도 그 조각들은 여전히 날카롭죠.

전 : 응…

성 : 여리지만 강인한 척하는 제 마음을 담았어요. 그 여리고 강인한 조각들이
제 마음에 쌓여 있는 거예요.

전 : 그러니까 유리가 두꺼운 게 아니라 얇은 거라…

성 : 맞아요. 얇은 유리 조각들이 엄청나게 쌓여서 두꺼워지는 거죠. 그러면 돌
을 던져도 위에 유리가 깨지지만, 아래 유리는 잘 안 깨져요. 충격을 받아
서 같이 깨질 수도 있지만, 많이 쌓여 있어서 잘 안 깨지죠.

전 : 아…

성 : 검은 선들은 두께가 들쭉날쭉해요. 두꺼운 것도 있고 얇은 것도 있고, 두껍
지만 얇아 보이게 배경이 보이는 것들도 있고, 얇지만 배경이 안 보이는 것
들도 있어요. 이건 제 마음을 표현한 거예요. 센 척을 하지만, 사실은 그렇
지 않은 마음을 담고 싶었어요. '나는 강하니까 건들지 마. 나는 여린 사람

이 아니야'라는 메시지를 표현하고 싶었죠.

전 : 음…

성 : 사실 여리지만, 센 척할 때는 마음이 여린 거고, 그래서 두껍지만 투명하게 보이게 했고, 얇지만 진한 선들은 여린 마음처럼 보이지만 사실은 강인한 점을 표현했어요. 보면 중간에 두꺼운 선이 끊긴 것처럼 되어 있잖아요?

전 : 여기. 이건 뭐야?

성 : 끊긴 거 맞아요. 제가 살면서 죽음에 가까이 간 적이 있었거든요. 우리는 언젠가 삶이 끝날 걸 알지만, 그걸 멀리 생각하곤 해요.

전 : 응…

성 : 저는 죽음이 항상 내가 태어남과 동시에 곁에 있는 쌍둥이 같다고 생각해요. 내일 죽을 수도 있고, 1년 후에 죽을 수도 있지만… 그래서 8살 때 드라마에서 사람 죽는 걸 보며 '나도 언젠가 죽겠구나' 생각했어요. 그때는 죽음이 멀게 느껴졌지만, 한국에 오면서 번개 맞아 죽거나 아파서 죽은 사람 얘기를 듣고 나니 그렇게 생각하지 않게 되었어요. 죽음과 동시에 더 충실한 나를 표현했다고 할 수 있죠. 끝을 보니 비로소 삶이 아름다워졌어요.

전 : 음…

성 : 그러니까 나는 여기서 내가 할 수 있는 최선을 다하는 거예요. 가족이 할머니가 돌아가셔서 힘들 때… 힘들다고 생각하면 끝이 없거든요. 한때, 내가 세상에서 제일 불쌍한 사람인 줄 알았어요. 살아보니 저처럼 가련한 사람들이 많더라고요. 다 행복해 보였는데, 사실은 아니었어요. 그 행복한 얼굴 속에 많은 상처가 있는 거죠. 가족이 죽어서 힘들다기보다는… 그 사람이 죽고 싶어서 죽은 것도 아니니까, 죽음을 슬퍼하기보다는 그 사람과의 추억을 떠올리며 행복했던 기억을 생각하고, 아름다운 생이었다고 말하고 싶었어요. 죽음이 슬픈 것이 아니라, 죽음이 있기에 생이 더 아름답다는 걸 느끼고 있어요. "당신의 생은 아름다웠습니다." 이런 말을 할 수 있도록 노력하고 있어요.

전 : 그러면 이 그림에서 한 가지 더 그려 넣거나 빼거나 수정할 수 있다면, 어떤 걸 해보고 싶어?

성 : 사람을 넣고 싶어요.

전 : 사람을? 그 사람을 넣어서 간단히 표현해 줄 수 있어?

성 : 사실 최악을 극복하는 방법은 죽음을 생각하는 거라고 생각해요. 극복하기보다는 견뎌왔으니까… 내일 내가 죽는다면 오늘 이 일을 후회하지 않을까… 그런 생각도 들어요.

전 : 선생님도 은영이 얘기 들으면서 그렇다. '내가 죽을 때 어떻게 살았다고 말할 수 있어야 잘 살았다고 생각할까?'

성 : 누군가에게 말하기보다는, 저는 이렇게 생각해요. '나는 진짜로 후회가 없어. 사랑한다는 말 안 한 적 없고, 하고 싶은 것 다 했어. 즐길 것도 다 했고, 미래에 대한 꿈도 꾸고…' 이렇게 생각하면서 살고 있어요.

전 : 근데 자해는 여기 와서 해본 거야? 아니면 고향에 있을 때 해본 거야?

성 : 다 해봤죠. 둘 다요.

전 : 그랬구나. 나도 가끔 상담하면 어떤 친구는 손목도 긋고 그러거든. 마음이 아픈 걸 그렇게 표현하는거지.

성 : 손목도 그리려고 했었어요. 처음엔 살짝 그었는데, 엄마한테 전화가 오니까 따뜻하게 "우리 딸 뭐 먹을 거야?" 이렇게 말해주더라고요. 그날따라 그렇게 말해줘서…

전 : 그랬구나. 신기하다.

성 : 그 따뜻함을 느끼니까, '사실 나는 죽고 싶었던 게 아니구나. 엄마의 따뜻한 말이 듣고 싶었던 거구나' 하고 깨달았어요. 그래서 그 후부터는 자해를 안 했어요.

전 : 근데 고향에서는 왜, 어떤 이유로? 너무 힘들어서?

성 : "너! 그냥 죽어." 이런 말 많이 들었고, 그런 말을 듣다 보니 살기보다는 고

통 없이 죽는 게 낫다고 생각했어요.

전 : 결국에는 죽음이 아니라 삶을 선택했다, 그치?

성 : 네. 왜냐하면 살고 싶었으니까, 살고 싶은데 고통스러워서 회피하려고 했던 것뿐이에요.

전 : 그림을 가만히 보면서 그런 생각 했어. 저 그림이 말을 한다면 뭐라고 말할까? 은영이가 그린 그림이 은영이한테 무언가 말을 해준다면?

성 : "열심히 잘 살았어." 이렇게 말해주지 않을까요?

전 : 그리고 그 파편들이 되게 인상적이다. 경험이 다 지워지는 건 아니잖아? 희석될 수도 있고 자연스럽게 잊힐 수 있지만, 그게 다 나의 경험이야.

전 : 비슷한 말을 철학자 존 듀이가 했는데, 과거의 경험이 현재의 나를 이루고 앞으로의 나도 만든다는 거야. 개인의 경험은 사회적인 산물이기도 하다? 네 얘기를 들으니까, 책에서 본 게 떠오르네.

성 : 철학자 말이 맞는 것 같아요. 나의 경험이 나를 만드는 거니까…

전 : 그렇지. 그게 지우개로 지워지는 게 아니고, 좋은 경험이든 나쁜 경험이든 다 나를 이루고 있잖아.

성 : 맞아요.

전 : 정말 죽지 않을 것처럼 산다는 말이 공감돼. 사람들이 바쁘게 살잖아.

성 : 맞아요.

전 : 그러다 고꾸라져 죽는 것 같은 느낌도 들어.

성 : 너무 앞만 보고 가요. 저는 앞을 보면서 현재도 생각하려고 해요.

전 : 앞뒤로 이렇게 보면서 살아야 하는데, 쉽지 않기도 하지. 현실은.

성 : 네, 내가 어디까지 왔고, 어디로 가고 있는지 생각하게 되죠…

전 : 나도 가끔 평생 살 것처럼 앞만 보고 가거든.

성 : 저도 평생 살 것처럼 앞만 보고 갔는데, 이제는 '오늘 죽을 수도 있겠다'라

는 생각이 드니까 왜 그렇게 열심히 살았는지 모르겠어요.

전 : 전쟁이나 지진 같은 일도 있고… 맞지? 부유하게 사는 사람들은 "룰루랄라~" 하고 살겠지?

성 : 사람은 자신이 겪지 않은 일에는 공감하기 어렵더라고요.

전 : 맞아, 한계가 있어.

성 : 공감을 한다고 해도, 진정한 공감은 어렵죠.

전 : 몇 명이야? 한 명, 두 명… 6명이네? 어떤 의미야?

성 : 이건 누구일 수도 있고, 내가 사랑하는 사람일 수도 있고, 나를 사랑하는 사람일 수도 있어요. 여기에 있는 사람은 보는 사람이 정하는 거예요.

전 : 근데 이게 정말 인상적이다. 아까 끊어졌던 부분 말이야, 그치? 이게 뭐야?

성 : 그건 특별한 게 아니고, 중간에 있는 것 같아요. 그냥 이렇게 붙잡고 있는 거죠. 즉, 죽음이 삶을 붙잡고 있는 거죠. 죽음이 삶을 붙잡고 "너희는 살아가는 거야."라고 말하는 거예요. 삶이 죽음을 붙잡은 게 아니라, 죽음이

삶을 붙잡는 거죠. 아직 올 때가 아니라고.

전 : 음… 좀 더 풀어서 설명해 줄래?

성 : 풀어서 설명하자면, 우리는 죽음을 끝으로 생각하고 부정적으로 보지만, 사실 죽음이 있어서 삶이 존재하는 거예요. 보이지 않는 곳에서 죽음이 우리의 행복을 위해 애쓰고 있는 거죠. 우리는 보통 죽음을 '삶을 앗아간다'라고 생각하지만, 사실 죽음이 있기에 우리가 삶을 사는 것 같아요. 만약 무한히 산다면, 삶은 정말 재미없을 거예요.

전 : 그런데 여기 앉아 있는 사람은 뭐야?

성 : 그 자세가 굉장히 편안한 자세예요. 우울해 보일 수도 있지만, 생각할 때나 우울할 때도 그렇게 하죠. 그 자세가 약간 편안해요. 엄마 뱃속에서의 자세처럼…

성 : 생각도 하고, 변화도 있기도 하고… 양가감정이 담긴 자세인 것 같아.

전 : 여기 다른 사람들은… 얘는 팔과 다리를 활짝 펴고 있네?

성 : 그렇게 하는 것은 행복을 바라는 거죠. 행복하길 바라는 모습이에요.

전 : 얘는?

성 : 요리를 옮기고 있는 거예요.

전 : 왜? 어디로 가는 거야?

성 : 그냥 이리저리 모양을 맞추는 거죠. 어디로 가는 게 아니라, 마음속 공간에서 이리저리 맞추는 거예요. 가끔 마음이 안 맞기도 하니까, 그렇게 맞추려고 노력하는 거죠.

전 : 얘도 유리 맞추고 있는 것 같기도 해.

성 : 얘는 유리를 흩뜨리고 있는 거예요.

전 : 아~

성 : 그러니까 사람과 사람 사이에 쌓인 오해 같은 존재잖아요. 그냥 누워서 자

기도 하고 사색도 하는 거죠.

전 : 음~

성 : 약간 의미를 담아보긴 했는데, 요리 맞추는 건 서로가 서로를 맞추려는 노력을, 유리 흩뜨리는 건 가끔 우리가 남의 속을 지키는 것처럼… 남의 행동을 오해하기도 하니까. 오해라는 건 내가 결론을 내리면서 생기는 거니까, 유리를 맞추기도 하고 흩뜨리기도 하는 거예요.

전 : 얘는?

성 : 누워서 잠을 자다가 꿈을 꾸고 하늘을 보며 멍하니 있기도 했어요. 예전에는 지붕 위에서 그런 자세로 하늘을 보며 한탄도 했었거든요.

전 : 너의 소중한 경험과 가슴 아픈 경험이 담긴 것 같아. 정말 인상적이다. 이렇게 그림을 그리고 나니 어떤 마음이 들어?

성 : 사람은 혼자 사는 게 아니구나, 하는 생각이 들어요. 내가 그린 그림은 내 마음의 유리를 맞춰주는 사람이 나일 수도 있고, 다른 사람일 수도 있으니까… 내 존재는 그들과의 관계 속에서 만들어지는 것 같아요.

전 : 와~ 표현이 정말 잘됐어. 시간이 오버 됐네. 질문을 하나도 못 했어. 지금 사진 보고 있느라고…

성 : 진짜요?

전 : 질문은 나중에 하기로 하고, 오늘 느낀 점을 얘기하고 마칠까 해. 인터뷰를 많이 해봤지만, 사진으로 이렇게 색다른 시간을 보낸 것 같아. 선생님도 글보다 사진으로 하니까 더 재밌고 느낌이 새롭지?

성 : 사진 찍을 때, 별로 찍을 게 없더라고요. 평소에 소중하다고 생각했던 것들이 사실 그렇게 중요하지 않은 것 같고. 정말 소중한 걸 생각하라니까 떠오르지도 않고, 욕구를 생각하니까 내가 욕구가 많다고 생각했는데, 대표할 만한 물건도 없고…

전 : 응.

성 : 욕구에 충실하다고 생각했지만, '내 욕구가 뭔지 잘 모르는구나'라는 생각
이 들었어요. 나를 더 파헤쳐보는 시간이었던 것 같아요. 그런데 항상 생각
해요. '왜 이렇게 여려서 다른 사람들이 하는 말에 그렇게 상처받을까?' 그
사람들이 나에게 뭔가 해준 것도 없는데… 내가 크는데 그 사람들이 뭐 하
나 보태거나 한 적도 없는데, 왜 그렇게 신경 쓸까? '내가 유리 같다'라는
생각도 하고… 그럴 때는 너무 강인한데, 그러면 유리가 많이 쌓인 건가…
이런 걸 자주 생각해요.

전 : 너와 얘기하면서 많은 걸 느끼고 생각해 보게 된 것 같아. 오늘 정말 고마
워. 다시 연락할게.

# 2023년 8월, 어느 날

지칠 만큼 지친 날들이었습니다. 그럼에도 불구하고 표정 관리를 하며 윗동네에서 온 한 소녀를 만나기로 했습니다. 우리는 여러 주제로 인터뷰를 진행했지만, 원자료가 부족하다는 느낌이 들어 보충 인터뷰를 위해 다시 만나기로 하였습니다. 나는 자주 급한 마음에 '빠르게' 질문하게 되지만, 그로 인해 한계가 많습니다. 그리고 가끔 핵심 없이 주변 이야기들을 많이 하는 연구자이기도 합니다.

어디서 만날지 고민했습니다. '오픈된 공간은 불편할 것 같다'라고 생각하여 자유롭게 만날 장소를 고민하다가 파주로 정했습니다. 미성년자가 파주에 살기 때문에 학교든 어디든 이동하라고 할 수는 없는 일이었습니다. 한 카페 건물의 지하 공간을 빌렸고, 10만 원을 소비하면 무료라고 하였습니다.

이른 아침, 남양주에서 출발했습니다. OO마을 6단지로 오라고 했고, 장마철이라 비가 오락가락하므로 일찍 집을 나섰습니다. 예정 시간보다 조금 일찍 도착하였습니다. 차 안을 정리했지만 티가 나지 않았습니다. 문자를 보내니 그녀도 조금 일찍 나온 모양이었습니다. 어느 교회 앞으로 오라고 하였습니다.

짧은 반바지에 안경을 쓴 긴 생머리의 여고생이 한 명 서 있었습니다. 바로 알아볼 수 있었습니다. 차 문을 열고 오랜만이라고 인사를 했습니다. 마치 얼마 전 본 듯 우리는 편하게 이야기를 나누었습니다. 카페로 가는 길은 20분 남짓이었습니다. 여고생이라고 해서 모두 편한 건 아니지만, 이 친구는 저와 잘 통했습니다. 학교생활은 어떤지, 대학 진학 계획은 있는지, 요즘은 무엇을 하고 지내는지 이야기하였습니다. 금세 카페에 도착하였습니다. 야경이 멋지게 찍힌 이미지와는 약간 다른 낮 풍경이었습니다. 조명 없는 건물에 뙤약볕이 내리쬐고 있었습니다.

주차하고, 제가 입으려고 사둔 후드티를 입어보겠냐고 물었습니다. 나이가 마흔이 넘어 왜 샀을까? 아직도 그 답을 찾지 못했지만, 입지 않기로 하였습니다. 마음에 들면 입으라고 하였습니다. 인터뷰이는 그 옷을 입더니 마냥 좋아하며 날뛰었습니다. 저보다 훨씬 날씬해 보였지만, 어찌 된 일인지 딱 맞더군요! 사진을 찍겠냐고 하니, 더운 날인지 추운 날인지 다양한 포즈를 취하였습니다. 카페에도 입고 들어갔습니다.

조금 일찍 도착했다고 카운터에 말씀드리자, 바로 안내해 주었습니다. 예약 시간보다 조금 더 사용하라고 하였습니다. 지하 1층으로 엘리베이터를 타고 내려갔습니다. 내리자마자 퀴퀴한 냄새가 났습니다! 앤티크 느낌의 나무 의자와 테이블, 와인이 있었습니다. 1층은 상쾌했는데, 괜찮을까 싶었지만, OO이는 이런 냄새를 좋아한다고 하였습니다. 다시 포즈를 취하고, 조명 아래에서 와인 앞에서, 우리보다 더 크게 보이는 커다란 둥근 벽시계 앞에서 그녀는 아주 마음에 들어 했습니다. 다행입니다.

우리는 일단 메뉴를 고르고 점심을 먹은 후 인터뷰를 진행하기로 하였습니다. 라 자냐와 알리오 올리오, 아이스 아메리카노와 딸기 요구르트 등을 주문하였습니다.

　1시간가량이 흘렀습니다. 분위기도 무르익고 서로의 모습에 편안해질 무렵, 이제 음식을 정리하고 인터뷰를 진행하기로 하였습니다. 자연스럽게 노트북을 꺼내어, 내가 질문을 하면 그녀는 자세히 답변해 주었습니다. 절제된 어투와 차분한 말투가 그녀가 본론으로 인터뷰에 응할 수 있도록 잘 인도해 주는 듯했습니다.

　연구 과제에 관한 질문들이 시작되었습니다. 그녀는 아주 능숙하게 답변하였습니다. 여고생임에도 불구하고 저보다 훨씬 논리적이고 또렷한 발음으로 이야기를 나누었습니다. 그녀는 허리를 곧게 세우고 1시간이 지난 시점까지 흐트러지지 않는 자세를 유지하였습니다. 잘 모르겠다거나 얼버무리는 일은 전혀 없었습니다. 금세 예약이 끝나는 시점, 3시가 되었습니다. 살며시 나가 10분 더 연장해 달라고 부탁하였습니다.

　저는 마무리 시간을 두 분께 알리고 약간 급하게 끝냈습니다. 마치 영화를 보고 바로 나온 느낌이랄까. 무언가 아쉬워서 우리가 1층으로 올라가 카페를 구경하자고 하였습니다. 그리고 음료 한 잔과 쿠키를 주문하고 2층으로 올라갔습니다. 조금 더 이야기하기 위해서였습니다. 아기자기한 화장대와 의자들, 마치 공주의 방을 연상케 할 만한 예쁜 소품들이 그녀의 눈길을 끌기에 충분했습니다. 그녀는 집에 가기 싫다고 하였습니다. 인터뷰할 때마다 갈등이 생긴다고 했습니다. 충분히 많은 시간을 쓰려면 에너지와 시간이 더 필요한데, 아쉬운 마음이었습니다.

　우리는 2시간 정도 더 쉬기로 하였습니다. 내년 그녀가 성인이 되면 합정역에서 순대국밥을 먹기로 하였습니다. 그녀를 집 앞에 내려주고, 그녀의 어머니와 함께 먹을 수 있는 미리 준비해 온 미숫가루를 가방에 담아 주었습니다. 요즘 다이어트를 한다고 했지만, 그래도 그녀의 집에 한 통 보내고 싶었습니다. 좋아할지는 모르겠지만, 제 마음이 편하자고 한 일이기에 만족하였습니다. 차에서 내려 들어가라고 하니, 그녀가 선생님을 안아준다고 하였습니다. 이런 일이 어색해서 금세 그녀의 품에서 빠져나오려고 하자, 다시 한번 안아준다고 하였습니다. 그리고 선생님을 사랑한다고 하였습니다. 저는 사랑한다고 말하지 못했습니다. 이런.

아직 고향에 계신 아버지, 그녀에게 볼 수 없어 그리운 아버지였습니다. 돈이 없어 전화를 못 한다고 하였습니다. 식당에서 아르바이트하여 가방을 샀다고 자랑하는 그녀의 눈빛이, 아무 유튜브나 보지 말고 북한 실상을 보려면 OO 영상을 시청하라고 세세히 알려주는 그녀의 눈빛이 아른거립니다. 오래 여운으로 남을 것 같습니다.

이 청년의 대화에서 무엇을 느끼십니까? 얼마 전 네 군데 대학에 합격했다는 문자를 받았고, 얼마나 기뻤는지 모릅니다. 인터뷰이가 한국에 왔을 때부터 4~5년 동안 만나온 덕분인지 그녀와의 만남은 더욱 편하고 즐겁습니다.

저는 이 글을 통해 그녀가 '아픈 상처'를 통해 무엇을 깨닫고, 얼마나 깊이 생각하게 되었는지를 여러분과 공유하고 싶었습니다. 보통 '트라우마'라는 단어를 자주 사용하지만, 우리는 '트라우마, 그 너머'의 성장을 꼭 기억해야 할 것입니다.

누구나 살아가면서 고통의 시간을 마주하게 됩니다. 그 고통의 크기는 사람마다 다르게 다가오겠지만, 무엇보다 중요한 점은 '고통'을 어떻게 받아들이는지가 매우 중요해 보입니다.

한국사회 소수자로 살아가는 북한이주민들도 가족과의 이별, 적응해야 하는 과제, 문화적 차이와 한국 사회에 여전히 존재하는 차별과 편견 속에서 상처받곤 합니다. 하지만 저는 그들의 내면에 자생적으로 회복할 수 있는 능력이 있다고 믿습니다. 물론 모든 문제를 자력으로 해결할 수는 없겠지만, 그들은 충분히 자신의 문제를 마주할 수 있는 힘을 지니고 있습니다. 우리는 모두 그들이 겪는 '문제'와 '트라우마'에 집중하기보다는 그들이 어떻게 고통을 극복하며 성장해 나가는지를 주목할 필요가 있습니다. 그리고 그들이 한국사회에서 보다 당당한 사회인으로 자리 잡기 위해 응원하고 격려하며, 무엇보다 평등한 시각을 가지고 만나야 할 것입니다.

용기를 내어 인터뷰에 응해 주시고, 지혜가 부족한 연구자에게 많은 철학적 질문을 던져주신 인터뷰이에게 감사의 마음을 전합니다.

## ‖ 참고문헌

강원택(2005). 남남갈등 진단 및 해소 방안. 서울 : 경남대학교 출판부.

강주원(2013). 나는 오늘도 국경을 만들고 허문다. 글항아리.

강창구(2012). 북한이탈주민의 정착 문제와 전망 : 취업 활성화 방안을 중심으로. 한국민주시민교육학회보, 13(1), 3-22.

권수현(2011). 북한이탈주민에 대한 남한 국민의 태도. 20(2), 韓國政治研究, 129-153.

권수현 · 송영훈(2015). 피를 나눈 형제, 이웃보다 못한 친척? 북한이탈주민에 대한 남한 주민의 사회적 거리감과 결정요인. The Journal of Social Paradigm Studies, 30(2), 123-160.

김중태 · 김광웅 · 문병기(2016). 북한이탈주민의 직장생활 적응 장애 요인에 관한 연구: 남한 출신 관리자와 북한 출신 근로자의 상호인식을 중심으로. 다문화와 평화, 10(2), 29-52.

박상옥 · 최늘샘(2011). 북한이탈주민의 안정적 직업 생활을 위한 교육 요구: 인문학 교육적 접근의 주요성. 한국성인교육학회, 14(2), 107-135.

박정란(2012). 북한이탈주민 연구 동향과 과제 : 주체, 방법, 내용 한국개발연구원. 14(5), 한국개발연구원, 54-71.

방소현(2020). 북한이탈주민의 문화 성향, 외상 후 스트레스장애, 회복탄력성이 남한 사회 적응에 미치는 영향. 이화여자대학교 석사학위논문.

사법정책연구원(2015). 북한이탈주민에 대한 사법적 지원 방안에 관한 연구.

윤인진(2005). 북한이탈주민의 직장 적응과 문제점: 제2장 북한이탈주민의 취업 실태와 정책과제 연구. 서울: 한국노동연구원.

윤인진 · 송영호(2013). 북한이주민에 대한 남한 주민의 민족의식과 다

문화 의식. 재외한인연구, 30(30), 7-40.

이명신·이상우(2020). 북한이탈 여성의 한국 정착 경험에 대한 사례
연구. 한국사회복지조사연구, 64(1), 5-33.

이종은(2003). 북한이탈주민의 직장생활 유지 경험에 관한 연구. 이화
여자대학교 사회복지대학원 석사학위논문.

전주람(2016). 북한이탈 여성들의 심리·사회적 자원에 관한 질적 사
례 연구. 한국가족관계학회, 20(4), 47-72.

조정아·임순희·정진경(2006). 새터민의 문화 갈등과 문화적 통합 방
안. 서울 : 한국여성개발원.

Block, J., & Kremen, A. M. (1996). IQ and Ego-Resiliency: Conceptual
and Empirical Connections and Separateness. Journal of
Personality and Social Psychology, 70, 349-361.

Bustamante, L. H. U., Cerqueira, R. O., Leclerc, E., & Brietzke, E. (2017).
Stress, trauma, and posttraumatic stress disorder in migrants: A
comprehensive review, Revista Brasileira de Psiquiatria, 40(2),
220-225.

Connor, K. M., & Davidson, J. R. (2003). Development of a New
Resilience Scale: The Connor-Davidson Resilience Scale(CD-
RISC), Depression and Anxiety, 18, 76-82.

Ensel, W. M., & Lin, N. (1991). The life stress paradigm and
psychological distress. Journal of Health and Social Behavior,
32(4), 321-341.

Hobfoll, S. E. (1989) Conservation of Resources: A New Attempt at
Conceptualizing Stress. American Psychologist, 44, 513-524.

Hobfoll, S. E., R.S. Lilly(1993). Resource Conservation as a strategy for
Community Psychology, Journal on Community Psychology,

21, 128-248.

Lazarus, R. S., & Folkman, S. (1984). Stress, Appraisal, and Coping. N.Y., Springer Publishing Company.

Raskin, R., & Hall, C. S. (1981). The Narcissistic Personality Inventory: Alternate form reliability and further evidence of construct validity. Journal of Personality Assessment, 45(2), 159-162.

Seidman. Irving (2013). Interviewing as Qualitative Research: A Guide for Researchers in Education and the Social Sciences. Teachers College Press: New York.

위키백과(2024) https://ko.wikipedia.org.

## ○ 저자소개

전주람 (Jun Joo-ram) ramidream01@uos.ac.kr

서울에서 태어났으며, 성균관대학교 가족학(가족관계 및 교육, 가족문화)으로 박사학위를 최종 취득하였다. 서울시립대학교 교육대학원 교수학습 · 상담심리 연구교수로 2017년 7월부터 2019년 6월까지 재직했으며, 현재는 서울시립대학교 교직부 소속으로 〈심리검사를 활용한 심리치료〉, 〈심리학의 이해〉를 가르치고 있다. 아울러 서울가정법원 상담위원으로 2014년부터 최근까지 활동 중이며, 2022년부터는 통일부 통일교육위원으로 활동하고 있다. 지속적인 연구 관심사로는 가족관계, 심리상담, 문화갈등, 남북사회통합 등이 있다. 주요 논문으로는 「50~60대 북한이주 남성들의 일 경험에 관한 질적 사례연구 : 일의 심리학 이론을 중심으로」, 「20대 이혼을 결심한 신혼기 부부에 관한 가족치료 사례연구」, 「북한이주민과 근무하는 남한 사람들의 직장생활 경험에 관한 혼합연구」 등 60여 편이 있으며, 저서로는 『절박한 삶』(공저, 2021년 서울대학교 다양성위원회 선정도서), 『21세기 부모 교육』(공저, 2023년 세종도서 학술부문 선정도서), 『북한이주민과 지역 사회복지』(공저, 2024년 학술원 우수학술도서 선정도서), 『공감을 넘어, 서로를 잇다』(공저, 2024) 등 20여 편이 있다. 2016년 KBS 〈생로병사의 비밀 : 뇌의 기적〉 600회 특집에 부부상담사로, 2021년 KBS통일열차 일요초대석에 출연하였다. 2024년 국립통일교육원에 초대받아 〈통일책방 함께 읽는 통일 시즌2〉에 출연하였고, 2024년 BBC Korea의 〈북한에도 동성애가 있을까? '개념조차 없이 부정당하는 북한 성소수자, 인권 침해로 봐야 할까〉에 출연하였다.

# (한국사회 소수자로서 겪는)
# 마음의 외상, 자원과 성장

초판인쇄 2024년 12월 31일
초판발행 2024년 12월 31일

지은이 전주람
펴낸이 채종준
펴낸곳 한국학술정보(주)
주    소 경기도 파주시 회동길 230(문발동)
전    화 031-908-3181(대표)
팩    스 031-908-3189
홈페이지 http://ebook.kstudy.com
E-mail 출판사업부 publish@kstudy.com
등    록 제일산-115호(2000. 6. 19)

ISBN 979-11-7318-143-6 94330